Hauspflege mit System

von

Ingeborg Sauer

mit zahlreichen Abbildungen

4., durchgesehene Auflage

Dr. Felix Büchner • Handwerk und Technik • Hamburg

Bildquellenverzeichnis

Altmann-Gädke/Klug/Simpfendörfer: Haushaltsführung und Haushaltspflege, Hamburg S. 22, 80
Arbeitsgemeinschaft Wohnberatung, Bonn S. 80
Bayerisches Landesinstitut für Arbeitsschutz, München S. 22
Busse (Hrsg.) u. a.: Haushaltsführung aktuell, Hamburg S. 76
Sauer/Stäblein: Textilpflege mit System, Hamburg S. 21
Sauer/Stäblein: Nahrungszubereitung mit System, Hamburg S. 23

Umschlaggestaltung

Art & Werbeteam, Hamburg

Grafiken

Tanja Kallmünzer, Nürnberg

ISBN 3.582.04821.7

Verlag Dr. Felix Büchner – Verlag Handwerk und Technik G.m.b.H.,
Lademannbogen 135, 22339 Hamburg; Postfach 63 05 00, 22331 Hamburg – 2001
E-Mail: info@handwerk-technik.de - Internet: www.handwerk-technik.de
Druck, Weiterverarbeitung: Druckerei Hans Steffens Offsetdruck G.m.b.H., Lademannbogen 24 a, 22339 Hamburg

Inhaltsverzeichnis

Inhaltsverzeichnis

Diese 3. Auflage wurde vollständig überarbeitet und erweitert.

Folgende Themenbereiche sind neu aufgenommen bzw. erweitert worden:

☞ Reinigungsgeräte für den Großhaushalt
☞ Warenkunde
☞ Umweltschutz – alternative Reinigungs- und Pflegemittel
☞ Pflanzenpflege
☞ weitergehende Informationen für den Schüler, der mehr wissen möchte

Das Buch zeigt und lehrt das fachgerechte und systematische Arbeiten im Bereich der Hauspflege:

● In Form von Arbeitsplänen werden jeweils nach dem gleichen einheitlichen System die Reinigung und Pflege aller im Haushalt vorkommenden Materialien beschrieben. Diesen Materialarten sind jeweils Übersichten vorangestellt, die Informationen über Eigenschaften und Verwendungen geben.

● Grundkenntnisse und Grundfertigkeiten zu bestimmten Gebieten der Hauspflege werden erarbeitet, wobei besonders das rationelle Arbeiten, die Arbeitsplatzgestaltung, der Umweltschutz und die Unfallverhütung beachtet werden.

● In leicht verständlichen Sätzen folgen die einzelnen Arbeitsschritte mit einer entsprechenden Begründung und ggf. speziellen Hinweisen, die es zu beachten gilt.

● Die beschriebenen Arbeitsabläufe sind für Rechtshänder gedacht. Die Arbeitsweise für Linkshänder ist entgegengesetzt = von links nach rechts – wenn möglich.

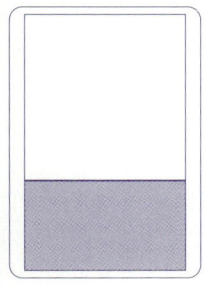 = In der Kopfleiste der Arbeitspläne sind jeweils die benötigten Arbeitsmittel und -geräte dargestellt bzw. namentlich erwähnt.

 = Vorarbeit – Vorbereiten des Arbeitsplatzes – Vorbereitungsarbeiten

 = Hauptarbeit – Durchführung der Reinigungs- und Pflegearbeiten

 = Nacharbeit – Aufräumarbeiten

 = Dieses Zeichen verweist auf den unter diesem Kapitel beschriebenen Arbeitsplan – mit Seitenangabe.

 = weitergehende Informationen für den Schüler, der mehr wissen möchte

Wir wünschen allen beim Umgang mit diesem Buch viel Freude und Erfolg! Die Autorinnen

Arbeitsgeräte
Reinigungstücher und Schwämme

Symbol	Art	Beschreibung	Anwendung
	Spültuch Spüllappen	unterschiedliches Material und Größe aus Baumwolle (gut geeignet) Textilgewebe in Frottee-, Netz-, Waffelausführung kochfest	feuchte Unterlage beim Geschirrspülen, bei der Metallpflege, bei Reinigungsarbeiten (z. B. Gefrierschrank, Küchen-, Kaffeemaschine, Friteuse, Toaster usw.)
	Geschirrtuch (hell) Trockentuch (hell)	Baumwolle Halbleinen Leinen – kochfest ● Je mehr Baumwolle, umso mehr Fusseln – für Gläser möglichst Leinentücher wählen.	Abtrocknen von Gläsern und Geschirr, Nachtrocknen
	Geschirrtuch (dunkel) Trockentuch (dunkel)		Abtrocknen von Gegenständen aus Metall, z. B. Töpfe, Aluminium, Schwarzblech, Edelstahlspüle usw. Korbwaren, Rohholzgegenstände, Türen, Fliesen, Elektrogegenstände usw.
	Poliertuch Polierlappen (weich)	Baumwollflanell oder Spezialvlies (kochfest) weiches Tuch	Polieren von Metallgegenständen
	Putztuch Putzlappen	unterschiedliches Material, meist Baumwollgewebe oder Spezialvlies, (maschinenwaschbar) und kochfest ● **Mikrofasertücher** können schonend reiben und gleichzeitig viel Schmutz aufnehmen. Sie können feucht, nass und trocken verwendet werden. Sie benötigen weniger Reinigungsmittel und Wasser.	Metallreinigung (z. B. Edelstahl, Gusseisen, Messing), Fliesen
	Topfschwamm Spülschwamm	unterschiedliches Material (z. B. PVC, Viskose), ausreichend groß, 3-4 cm dick, durch Griffmulden der Hand angepasst ● Vliesauflage in unterschiedlicher Härte erleichtert mechanische Reinigung: – weiß oder blau = kratzfrei für empfindliche Oberflächen – grün und rot = enthält Schleifkörper, daher für empfindliche Oberflächen nicht geeignet	Geschirrspülen, Metallreinigung

Symbol	Art	Beschreibung	Anwendung
	Schwamm	unterschiedliches Material (z. B. PVC, Viskose) auch als Spezialschwämme und Schwammtücher (Schwammtücher nicht zu klein wählen, damit Arbeitsbewegungen eingespart werden können)	schonendes Arbeiten bei geringem Druck fusselfreies Abwischen und Nachtrocknen
	verseifte Stahlwolle	verseifte Stahlwollkissen (Putzkissen, Pads)	hartnäckige Verkrustungen (z. B. Backofen, Mikrowellengerät, Kochgeschirr, Backblech, Gusseisen, feuerfestes Glasgeschirr)
	Fensterleder	Naturprodukt gegerbt reinigt streifenfrei und fusselfrei	Glasscheiben, Spiegel, Fenster, Kunststoffflächen
	Fensterwischer	– teilweise Wischgerät auf der einen Seite mit Schwamm oder Mikrofasergewebe (zum Reinigen), auf der anderen Seite mit Kunststoffstreifen zum streifenfreien Abziehen	Fenster, Glasflächen
	Abzieher	– teilweise nur als Gerät zum streifenfreien Abziehen	Fenster, Glasflächen
	Bodenputztuch Aufnehmer Feudel	Zellwoll- oder Baumwollgewebe Vliesstoff (maschinenwaschbar) – kochfest	Bodenreinigung, Boden nach Reinigungsarbeiten trocken wischen (Unfallverhütung)
	Küchenkrepp Küchenrolle	hygienisch saugfähig einmal benutzbar **Belastet die Umwelt!**	Metallreinigung (z. B. Zinn, Kupfer, Messing)

Arbeitsgeräte
Reinigungsgeräte

Symbol	Art	Beschreibung	Anwendung
	Heizkörper-bürste	Siehe Besen und Bürsten!	Heizkörperreinigung
	Staubpinsel	Siehe Besen und Bürsten!	polierte Möbel
	Besen Kehrbesen	Siehe Besen und Bürsten!	Bodenreinigung
	Handbesen Handfeger	Siehe Besen und Bürsten!	Boden- und Fliesenreinigung, Fensterrahmen, Blumenpflege
	Kehrschaufel Kehrblech Handschaufel	Kunststoff und Metall	Boden- und Fliesenreinigung, Fensterrahmen, Blumenpflege
	Spülbürste Geschirrbürste	Siehe Besen und Bürsten! zweckmäßige Form handlicher Griff Aufhängevorrichtung	Geschirrspülen
	Flaschenbürste	Siehe Besen und Bürsten!	Geschirrspülen, Flaschen, Gläser

Symbol	Art	Beschreibung	Anwendung
	Wurzelbürste	Siehe Besen und Bürsten!	Rohholzreinigung
	Bürste (weich)	Siehe Besen und Bürsten!	Metallpflege, Reinigung von Geräten, z. B. Wäschetrockner
	Schmutzbürste	Siehe Besen und Bürsten!	Korbwaren, Schuhpflege, Reinigung von Stuhlbeinen
	Cremebürste	Siehe Besen und Bürsten!	Schuhpflege, Lederpflege
	Wildleder-bürste	Siehe Besen und Bürsten!	Wildlederpflege
	Schrubber	Siehe Besen und Bürsten!	Bodenreinigung, Steinboden, Fliesen
	Sooger	Schwammschrubber	Bodenreinigung, Steinboden, Fliesen

Arbeitsgeräte
Arbeitshilfen

Symbol	Art	Beschreibung	Anwendung
	Gummihand-schuhe	verschiedenes Kunststoffmaterial – luftig und hängend trocknen – Talkum-Puder erleichtert das Anziehen	Schutz der Hände bei groben Schmutzarbeiten, bei längerer Arbeit mit Wasser oder scharfen Reinigungsmitteln **Schutz bei Allergie!**
	Sicherheits-leiter (Tritthocker)	gute Standsicherheit – Möglichkeit zum Abstellen von Arbeitsmitteln sollte vorhanden sein – GS- und TÜV-Zeichen sind Zeichen für Sicherheitsprüfung	Reinigungsarbeiten in größerer Höhe, z. B. Türen, Fenster, Schränke, Fliesen
	Arbeitshocker	unterschiedliches Material – standsicher und leicht zu reinigen	Abstell- und Ablage-möglichkeit bei verschiedenen Reinigungsarbeiten, z. B. Besen und Bürsten, Blumenfenster
	Abstellfläche	Tisch, Arbeitshocker oder Wagen	Abstell- und Ablage-möglichkeit bei verschiedenen Reinigungsarbeiten, z. B. Kühlschrank, Schrank
	Schuhspanner	Holz oder Kunststoff	Formerhalt der Schuhe, Schuhreinigung
	Besenkamm	Metall oder Kunststoff mit breiten Zinken	Reinigung von Besen und Bürsten, Bohnern, Kämmen von Teppichfransen
	Schmirgel-papier (Schleifpapier)	mechanisch wirkendes Scheuermittel – auf Papier aufgebrachte Schleif-körper in unterschiedlicher Größe – (Körnung 180 bis 240 auswählen)	Rohholzreinigung
	Wattestäbchen Holzspieß	Holz- oder Kunststoffstäbchen – beiderseitige Enden mit Watte Holzspieße unterschiedlicher Länge	Entfernung von Schmutz an schwer zugänglichen Stellen, z. B. bei Metallpflege, Kunststoffreinigung, Geschirrspülmaschine, Heizkörper, Blumenpflege, Elektrogeräten

Allgemein

- entfernt feinen bis mittelgroben losen Schmutz
- je nach Saugkraft lassen sich fast alle Einrichtungsgegenstände reinigen

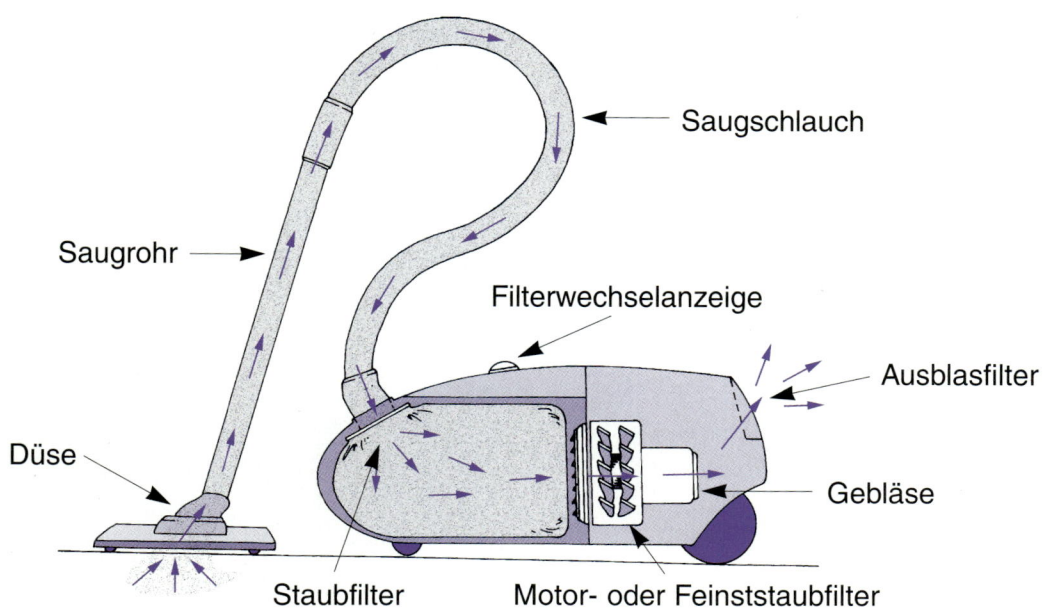

Saugschlauch

Saugrohr

Filterwechselanzeige

Ausblasfilter

Düse

Gebläse

Staubfilter   Motor- oder Feinststaubfilter

Arbeitsweise

- Elektromotor treibt Gebläse an
- drückt Luft aus dem Staubsaugergehäuse
- entstandener Unterdruck lässt Schmutz mit der Außenluft einströmen
- Schmutz wird in Staubbeutel gesammelt
- durch spezielle Filter (Schwebstofffilter) wird der beim Saugen aufgewirbelte Staub zurückgehalten (wichtig für Hausstaub-Allergiker)
- Saugleistung der Staubsauger ist unterschiedlich – Anschlusswert und Angaben zur Höhe der Wassersäule geben Hinweise auf die Saugleistung – beim Kauf beachten
- meist ist die Saugkraft elektronisch regelbar

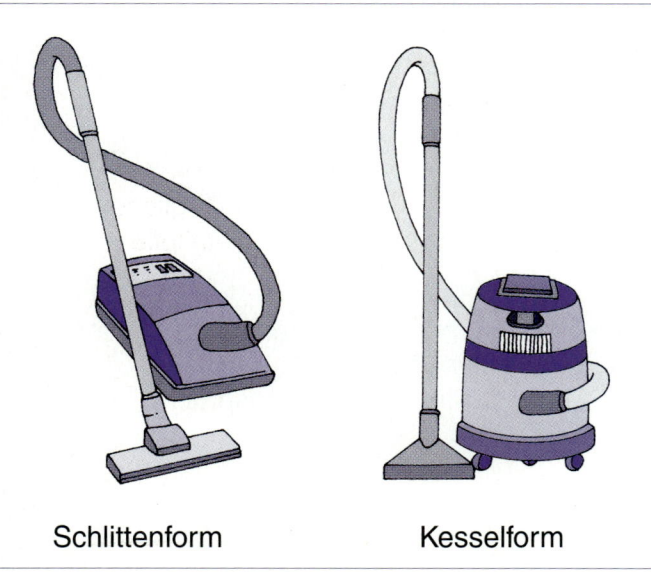

Schlittenform   Kesselform

- durch beweglichen Schlauch frei beweglich
- unabhängig vom Gehäuse leicht zu führen
- größere Reichweite von der Steckdose aus
- größere Papierfilter
- stärkere Saugleistung
- in Schlitten- oder Kesselform
  Staubsauger in Kesselform sind auch als Alles-sauger im Handel – saugen auch groben Schmutz.

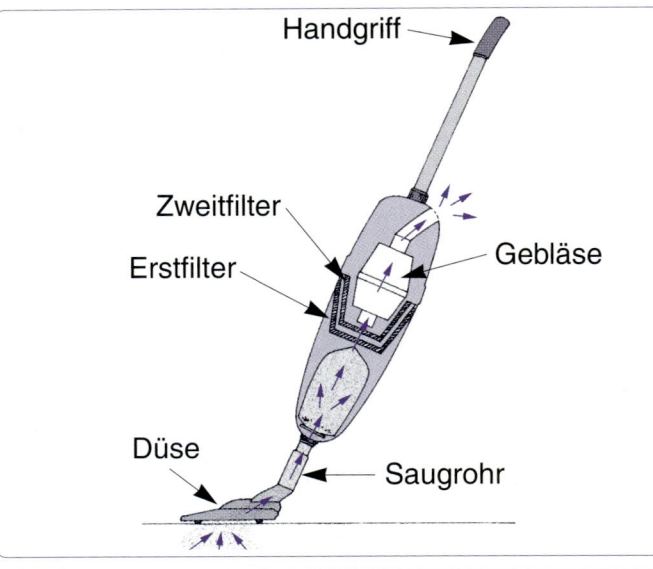

- platzsparend
- stets einsatzbereit
- bis ca. 60 m² Fläche ausreichend
- größeres Gewicht beim Tragen
- größerer Kraftaufwand beim Schieben
- kleinere Papierfilter

Arbeitsgeräte
Staubsauger

Zubehör

Grundausstattung

Teppich- oder Bodendüse (Kombidüse)

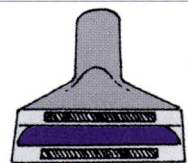

- bei glattem Bodenbelag werden die Borsten ausgeschwenkt, bei Teppichen wird mit glatter Düse gearbeitet
- für Bodenbeläge, Wandbespannungen, Treppen, kleine Vorleger usw.

Polsterdüse

- meist mit Fadenhebern ausgestattet
- für Polster, Kissen, Matratzen usw.

Fugendüse

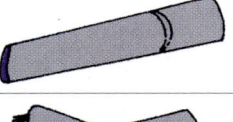

- für Fugen, kleine Zwischenräume, Führungsschienen usw.

Saugpinsel

- mit Borsten zum Entstauben
- für Bücher, Gitter, Verzierungen an Möbeln, Heizkörper usw.

Weiteres Zubehör

Bürstenvorsatz

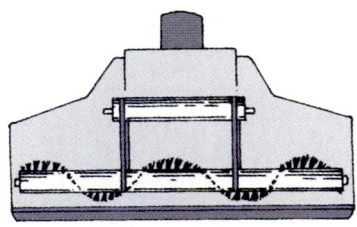

- rotierende Bürstenwalzen saugen besonders gut Fäden, Fusseln, Tierhaare
- das Material wird stärker beansprucht

Feuchtwischgerät	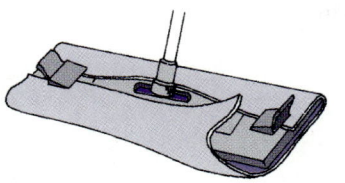	• Halter mit Metall oder Kunststoffrahmen • elastische Kunststoffsohle an der Unterseite • imprägnierte Tücher oder Vliese werden darübergezogen • diese werden nach Gebrauch gewaschen oder entsorgt
Feuchtwischmop	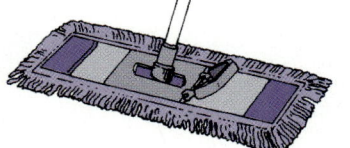	• Halter mit Metall- oder Kunststoffrahmen • Feuchtwischmop wird darübergezogen • Feuchtwischmops haben kurze Schlingen oder Fransen, die im Grundgewebe befestigt sind
Nasswischmop		• Fransenwischer im Mophalter • Fransen sind 25-45 cm lang und sehr saugfähig
Breitwischgerät	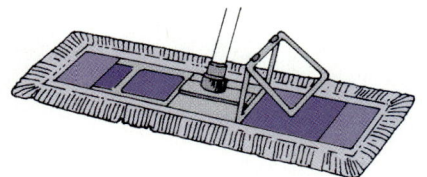	• Aussehen ähnlich dem Feuchtwischmop • Rahmen muss klappbar sein, um den Bezug schnell zu wechseln
Fahreimer mit Presse **Ein- oder Zwei-Eimer-System**		• erleichtern die Arbeit und ersparen das lästige Auswinden (Auswringen)
Systemwagen	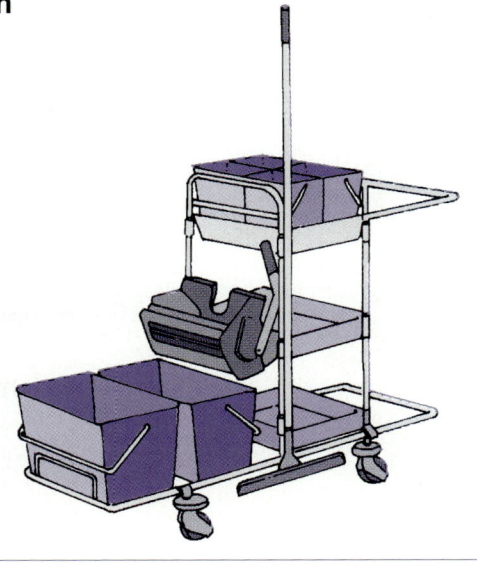	• zur Beförderung der notwendigen Arbeitsmittel und -geräte • mit unterschiedlichen Einsätzen (Größe nach Bedarf) • Beschickung vor Arbeitsbeginn nach genauer Arbeitsplanung festgelegt

Dampfreiniger

- Wasser wird in Tank gefüllt und auf ca. 120 °C erhitzt
- Dampffilm wird auf Reinigungsfläche aufgebracht
- Dampf wird mit Druck verteilt (3 bis 5 Bar)
- Schmutz löst sich und kann mit Tuch aufgenommen werden
- für Steinböden, Fliesen usw.
- das Material muss unempfindlich sein

Nasssauger

- besonders zur Aufnahme von Wasser geeignet
- auf dem Boden rollendes Gerät mit Gehäuse, Saugschlauch, Saugdüse, Haltegriff, Motor, Auffangbehälter
- auch als Trocken-/Nassgerät (Kombisauger) auf dem Markt

Sprühextraktionsgerät

- für Teppichbodenreinigung
- verteilt Reinigungsmittellösung über Düsen auf dem Teppichboden
- durch Saugschlitz wird gleichzeitig die Lösung mit dem Schmutz aufgesaugt

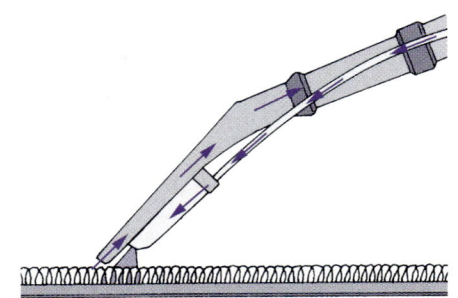

Scheibenmaschinen
(Ein-, Zwei-, Dreischeiben-Maschinen und High-speed-Maschinen)

- werden je nach Zweck mit Bürsten oder Pads versehen
- je nach Bestückung zum Cleanern, Nassscheuern, Bohnern, Polieren, Shampoonieren, Spänen
- zur Teppichreinigung mit Faserpads versehen

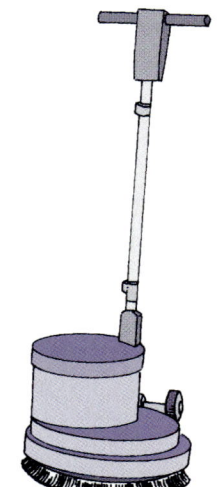

Hochdruckreiniger

- Wasserstrahl reinigt mit Druck
- Wasser kann kalt oder heiß sein
- reinigende oder desinfizierende Zusätze sind möglich
- genau nach Bedienungsanleitung einsetzen

Hinweise	Begründung
• Vorsicht bei der Reinigung von Elektrogeräten!	Stromschlag
• Für den Privathaushalt können Geräte in den entsprechenden Geschäften **entliehen** werden.	rationelle Reinigung

Reinigungsmittel (Reiniger) entfernen Verschmutzungen von der Oberfläche	◄──►	**Pflegemittel** schützen Oberfläche vor mechanischer und chemischer Belastung

Reinigungsmittel

- **Lösungsmittelreiniger**
- **lösungsmittelhaltige Reiniger**
- **lösungsmittelfreie Reiniger**
  - **scheuermittelhaltig**
  - **scheuermittelfrei**

Lösungsmittelreiniger	lösungsmittelhaltige Reiniger	scheuermittelhaltig	scheuermittelfrei
• wachsfrei oder wachs-haltig • werden unverdünnt angewandt • bestehen aus einem Lösungsmittel oder Gemisch aus Lösungsmitteln • sind brennbar – müssen gekennzeichnet werden • entfernen lösungsmittellösliche Verschmutzungen, z. B. Öle, Fette, Teer, Lacke, Harze, Kleber	• enthalten Wasser, Tenside, Lösungs-mittel • Anwendung meist unverdünnt • Entfernung von lösungsmittellöslichen Verschmutzungen • oft als Spezialreiniger, z. B. Backofenreiniger, Fensterreiniger	• großteils mit mechanisch wirkenden Bestandteilen • z. B. Bimssteinmehl, Quarzmehl, Magnesia, Talkumpuder • sind umweltverträglich • in Pulverform als Scheuermittel im Handel	• können Seifenreiniger sein, z. B. Mischung aus Neutralreiniger, Schmierseife (preis-wert) und Tensiden oder Allzweckreiniger, Universalreiniger, Spülmittel • hinterlassen Rückstände • je nach Wasserhärte bildet sich Kalkseife • Schmierstreifen mit klarem Wasser nachreiben • meist als flüssige Konzentrate im Handel (müssen verdünnt werden)

Hinweise

- Dämpfe beeinträchtigen die Gesundheit!
- Dämpfe sind gesundheitsschädlich!
- Auf einwandfreie Lüftung achten!
- Feuergefährlich!
- Seifenreiniger in konzentrierter Form vorsichtig dosieren!
  - Sie verursachen eine reizende Wirkung auf die Haut!
  - Sie haben eine ätzende Wirkung auf das Material!

Pflegemittel

lösungsmittelhaltige Pflegemittel

lösungsmittelfreie Pflegemittel

- z. B. Bohnerwachse
  - in flüssiger Form oder als Pasten
  - aus Wachsen und Lösungsmittel

- z. B. Bienenwachs, Glycerin, Leinöl, Talkum
  - umweltfreundlich
  - hautverträglich

Kombinationsmittel
(Reinigung und Pflege)

mit Lösungsmitteln

ohne Lösungsmittel

- z. B. flüssige Bohnerwachse und Lösungsmittel-reiniger mit Wachs
- Cleaner entfernen lösungsmittel- und wasserlösliche Verschmutzungen

- z. B. Wischpflegemittel auf Seifenbasis

Hinweise

- **Bei Einsatz von wenig Mechanik ist viel Chemie nötig!**
- **Den Reinigungsvorgang beeinflussen:**
  - **Reinigungsmittel,**
  - **Mechanik,**
  - **Temperatur,**
  - **Zeit.**
  (Sinnerscher Kreis der Reinigungsfaktoren)

Beispiel: **Wirkung der Reinigungsfaktoren beim Geschirrspülen**

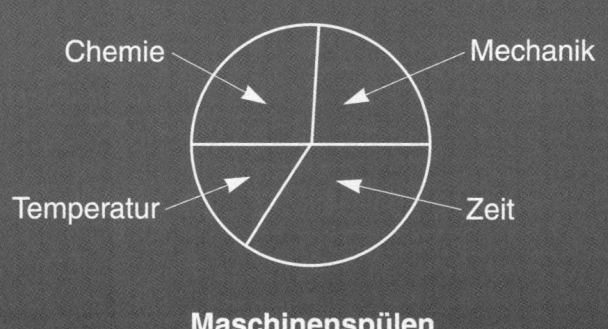

Maschinenspülen

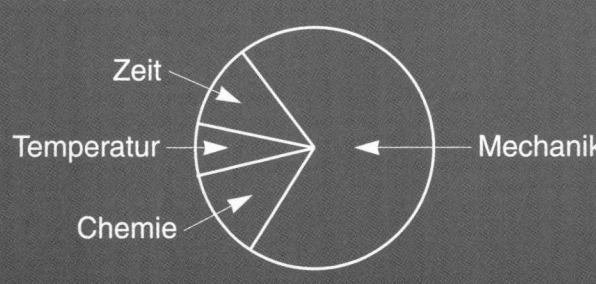

Spülen von Hand

Reinigungs- und Pflegemittel
Spezialmittel - Hausmittel

Spezialmittel

Spezialreiniger

- Anwendung möglichst selten
  – nur bei der Grundreinigung
- entfernen z. B. Kalk- und Zementflecken, Selbstglanzfilme
- umweltschonende Mittel bevorzugen
- Reste nicht in den Hausmüll geben (Sondermüll)

Desinfektionsreiniger

- sind im Haushalt meist überflüssig
- haben reinigende und desinfizierende Wirkung
- für Mensch und Tier müssen sie unschädlich sein

Hausmittel

- sind umweltverträglicher als Spezialmittel

  Erst zu milden Hausmitteln greifen, bevor „chemische Keulen" eingesetzt werden!

Milde Hausmittel sind z. B.:

- Essig — zum Entkalken, Bleichen
- Zitronensaft — zum Farbauffrischen, Desinfizieren
- Salz — zur mechanischen Reinigung (z. B. enge Vasen, Rotweinflecken)
- Eierschalen — zur mechanischen Reinigung (z. B. enge Vasen)
- Spiritus — für Fenster, Abflüsse, Fliesen, Desinfektion

Diese Liste lässt sich erweitern!

Hinweise

Wirkung der mechanisch wirkenden Hilfsmittel

ohne Scheuerwirkung	mit Scheuerwirkung
– Schwämme (Natur und Kunststoff mit Weich- und Hartseite)	– Pulver (Wiener Kalk, Schlämmkreide)
– Reinigungstextilien (Tücher, Vlies)	– Scheuerpulver (Quarzsand)
– Natur- und Synthetikleder	– Schmirgel (sehr fein bis sehr grob)
	– Stahlwolle
	– Pads (Kunststoffvlies)

17

Reinigungs- und Pflegemittel
Kriterien zur Umweltbelastung

Tatsache ist

- Jedes Reinigungsmittel enthält Chemikalien, z. B. Lösungsmittel, Chlorverbindungen, starke Laugen, Phosphate, Tenside.
- Durch die Ableitung ins Abwasser werden die Kläranlagen und Gewässer belastet.
- Durch falschen Gebrauch kann es zu Gesundheitsschäden, wie Verätzungen, Hautschäden, Augenschädigungen kommen.
- Allergische Reaktionen nehmen zu.

Wir wollen

- Gifte für die Umwelt vermeiden.
- Gifte für unsere Gesundheit vermeiden.

Daher

- Reinigungs- und Pflegemittel so sparsam wie möglich verwenden.
- Umweltverträgliche Mittel auswählen.
- Eventuell altbewährte Hausmittel einsetzen.

Zu vermeiden sind	Zu bevorzugen sind
• Sanitärreiniger (oft Chlorverbindungen) – gleichzeitige Verwendung mit WC-Reinigern gefährlich (giftige Dämpfe)	☞ Neutralreiniger, Schmierseife, mechanische Reinigung mit Bürsten
• WC-Reiniger (Säuren) – ätzend	☞ Scheuerpulver, regelmäßige Reinigung
• Abflußreiniger/Rohrreiniger (starke Säuren und Laugen) – ätzend	☞ Abflußsieb, Reinigung des Syphons, Saugglocke, Spirale
• Desinfektionsreiniger (Chlorverbindung) – Desinfektion im Haushalt ist meist unnötig (nur bei besonderem Bedarf)	☞ Allzweckreiniger, Schmierseife
• Reinigungsmittel in Spraydosen mit FCKW (nur mehr vereinzelt im Handel) – gefährden und zerstören die Ozonschicht	☞ Pumpzerstäuber, Verzicht auf Spraydosen (umweltfreundliche Treibmittel)
• Entkalkungsmittel (häufig säurehaltig) – stark ätzend	☞ Essig oder Essigessenz

• Backofen- und Grillreiniger (häufig säurehaltig)
  – stark ätzend
	☞ sofort reinigen
	  – eingetrocknete Verschmutzungen mit warmer Spülmittellösung einweichen
	  – grobe Verschmutzungen mit mechanischer Hilfe (Bürste, flüssiges Scheuermittel) reinigen

Plane alle Arbeiten: **was, wann, wo, wie und von wem** **erledigt wird!**	☞ Erst denken, dann handeln!
	☞ Welche Arbeiten müssen in welchen Abständen erledigt werden?
	☞ Erledige gleiche Arbeiten zusammenhängend!
	☞ Nutze Warte- und Beobachtungszeiten!
	☞ Lege nach Möglichkeit leichtere Arbeiten auf den Nachmittag!
	☞ Vermeide unnötige Wege!
	☞ Wer könnte helfen?
Wende sinnvolle Arbeitsmethoden an!	☞ Benutze arbeitserleichternde Arbeitsmittel und Arbeitsgeräte!
Achte auf eine entspannte und angenehme Arbeitshaltung!	☞ Wechsle zwischen Haltearbeit (statische Arbeit) und Bewegungsarbeit (dynamische Arbeit)! Du vermeidest dadurch eine fortwährend gleiche Körperhaltung!
	☞ Ungünstige Körperhaltung erhöht die Unfallgefahr!
	☞ Ungünstige Körperhaltung führt zu schneller Ermüdung!
	☞ Halte Arbeitspausen ein!
Stelle alle Arbeitsmittel und Arbeitsgeräte, **die benötigt werden,** **in sinnvoller Reihenfolge bereit!**	☞ Arbeite als Rechtshänder von rechts nach links!
	☞ Arbeite mit beiden Händen!
innerer Greifraum äußerer Greifraum	☞ Vermeide das Überkreuzen von Händen und Armen!
	☞ Achte auf intensive Nutzung des inneren Greifraumes!
Halte Ordnung!	☞ Benutze Ordnungseinrichtungen!
	☞ Achte auf eine sinnvolle Vorratshaltung von Reinigungsmitteln!

Arbeitsplätze sollten so gestaltet sein, dass ein Wechsel von Stehen und Sitzen möglich ist!	☞ Wähle einen ausreichend großen Arbeitsplatz aus! ☞ Achte auf genügend Bewegungsraum!
Wähle den geeignetsten Arbeitsplatz!	☞ Wähle einen Arbeitsplatz, an dem möglichst ungestört gearbeitet werden kann! ☞ Das Raumklima muss der Arbeit angepasst sein! ☞ Achte auf ausreichende Frischluftzufuhr! ☞ Beachte, dass das Licht von links oder vorne einfällt! ☞ Die Beleuchtung muss der Art der Arbeit angepasst sein! Sie darf nicht blenden!
Alle Arbeitsmittel und Arbeitsgeräte müssen übersichtlich und griffbereit angeordnet sein!	☞ Achte auf eine intensive Nutzung des inneren Greifraumes! **siehe Seite 19** ☞ Ordne Arbeitsmittel und Arbeitsgeräte so an, dass von rechts nach links gearbeitet werden kann!
Lärm am Arbeitsplatz in Grenzen halten!	☞ Lärm hat negative Auswirkungen auf Konzentration, Leistung und Hörvermögen!
Erledige möglichst viele Arbeiten im Sitzen!	☞ Arbeitshöhe und Sitzhöhe müssen den eigenen Körpermaßen angepasst sein! ☞ Achte auf einen sicheren Arbeitsstuhl!
Vermeide einförmige Arbeitsabläufe!	☞ Gebückte Arbeitshaltung nur in Ausnahmefällen kurzfristig einnehmen!
Vermeide unnötige Wege! Setze technische Hilfsmittel ein!	☞ Erst denken, dann handeln! ☞ Alle gleichen Arbeiten zusammenhängend erledigen! ☞ Transporthilfen wie Arbeitswagen verringern Arbeitsbelastung und sparen unnötige Wege!

Spare Wasser und Energie!

☞ Geräte regelmäßig kontrollieren und bei Bedarf entkalken!

☞ Spare besonders mit heißem Wasser!

☞ Eine gleichbleibende Temperatur von 40 bis 50 °C im Wasserspeicher ist ausreichend!

☞ Elektrogeräte nicht unnötig in Betrieb halten!

☞ Geräte immer ganz füllen!

☞ Tropfende Wasserhähne sofort abdichten!

Verwende möglichst biologisch abbaubare Reinigungs- und Pflegemittel!

☞ Benutze Sprays ohne Treibgas!

☞ Benutze zum Entkalken Essig oder umweltfreundliche Entkalker!

☞ „Bio"-Produkte sind oftmals nicht umweltverträglicher – deshalb Inhaltsstoffe prüfen!

Dosiere sparsam!
Meistens genügt weniger als die auf der Verpackung angegebene Menge!

☞ Regelmäßiges Reinigen erspart oft den Griff zu umweltbelastenden Reinigungs- und Pflegemitteln!

☞ Oft lässt sich Schmutz durch Bürsten oder Reiben ohne zusätzliche Mittel entfernen!

☞ Billige Mittel müssen nicht schlechter sein als teuere!

☞ Auf manche Spezialmittel kann verzichtet werden – prüfe, ob der Sinn nicht fragwürdig ist!

Rationelles Arbeiten hilft die Umwelt zu schützen!

☞ Eine saubere Arbeitsweise erspart Reinigungs- und Pflegearbeit!

Abfallprodukte sortieren (Abfallbeseitigung)!

☞ Kaufe Produkte, die wenig Abfälle liefern!

☞ Verwende Nachfüllpackungen!

☞ Überflüssige oder aufwendige Verpackungen belasten bei der Herstellung und Beseitigung die Umwelt!

☞ Produkte mit dem Grünen Punkt werden in der Wertmülltonne oder dem gelben Sack gesammelt!

☞ Nutze vorhandene Container für Glas, Papier, Metalle usw.!

Suche Informationen über Unfallgefahren und Sicherheitsvorschriften!

☞ Informiere dich, wo ein Verbandskasten ist!

☞ Erlerne „Erste Hilfe"!

☞ Informiere dich, wo die Notrufnummern zu finden sind!

Benutze die vorgeschriebenen Schutzkleidungen und Schutzeinrichtungen!

☞ Achte auf rutschsichere, flache Schuhe!

☞ Benutze nur Trittleitern mit Rutschschutz und Spanngelenk!

☞ Verwende bei der Bedienung von Geräten und Maschinen alle notwendigen Schutzvorrichtungen!

Halte die Sicherheitsvorschriften ein! Lies vor Inbetriebnahme eines Gerätes genau die Gebrauchsanweisung!

☞ Kaufe nur sicherheitsgerechte Elektrogeräte mit Prüfzeichen (VDE, GS)! Beachte genau die Angaben des Herstellers!

Gib mit deinem Verhalten ein Beispiel!

☞ Verwende nur Maschinen und Geräte, die in Ordnung sind (defekte Geräte vom Fachmann reparieren lassen)!

☞ Benutze nur intakte, zweckmäßige Arbeitsmittel, nie Behelfsmittel!

☞ Arbeite ohne Hektik, aber flott und zügig!

☞ Achte darauf, dass vor dem Reinigen von elektrischen Geräten der Stromkontakt unterbrochen sein muss!

Nimm mit deinen Sinnen wahr: Sehen, Fühlen, Riechen, Hören!

☞ Achte auf saubere und trockene Fußböden!

☞ Achte auf festliegende Bodenbeläge – Rutschgefahr!

Kenne die Gefahrensymbole und beachte sie! Ihre Symbolfarbe ist immer orange!

☞ Achte auf Unfallgefahren durch andere Personen!

☞ Untersuche den Arbeitsplatz auf Unfallgefahren!

☞ Bewahre Reinigungs- und Pflegemittel sowie Medikamente so auf, dass Kinder und Unbefugte diese nicht erreichen können!

T+ Sehr giftig
oder
T Giftig

Xn Mindergiftig
oder
Xi Reizend

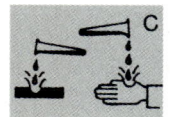

C Ätzend

F+ Hoch-
oder
F Leicht-
entzündlich

E Explosions-
gefährlich

O Brand-
fördernd

	VDE = Verband Deutscher Elektrotechniker e. V.	☞ Sicherheit im Elektrobereich
	GS-Zeichen = Geprüfte Sicherheit	☞ technische Geräte geprüft nach sicherheitstechnischen Anforderungen
	CE-Zeichen = Siegel der europäischen Union	☞ Der Produzent erklärt damit lediglich, dass er bestimmte europäische Vorschriften kennt und sich danach richtet. Es wird nicht kontrolliert.
	VDE-Funkschutzzeichen = funkentstört	☞ Rundfunkgeräte und Fernseher werden durch Haushaltsgeräte nicht gestört.
	TÜV = Technischer Überwachungsverein	☞ mechanische und technische Sicherheit nach Prüfung wird Plakette verliehen
	Spritzwasser-geschützt (Schutzzeichen des VDE)	☞ Schutz vor Stromschlag
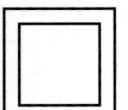	Schutzisolierung Doppelisolierung von Elektrogeräten	☞ Schutz vor Stromschlag
	Die Sicherheits- und Schutzzeichen sind am Typenschild zu sehen. Auch die Spannung (V = Volt) und die Leistung (W = Watt, kW = Kilowatt) stehen auf dem Typenschild.	☞ 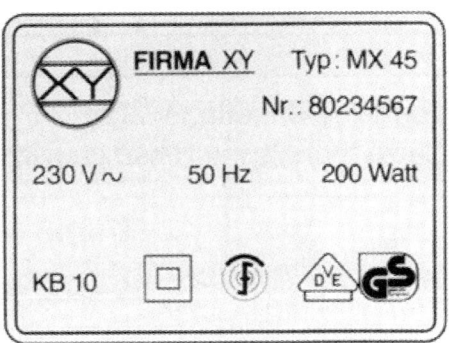

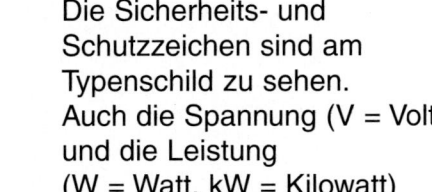

Geschirrspülen
Von Hand

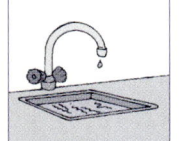			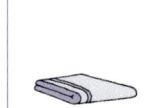				
Spülbecken mit heißem Wasser	Spülmittel	Abtropfkorb Gitterkorb	Spültuch Spüllappen	Spülbürste Geschirrbürste	Topfschwamm	Spültuch (feucht)	Scheuermittel (flüssig)

Arbeitsgang	**Begründung**
• Arbeitsmittel und -geräte bereitstellen	☞ rationelles Arbeiten
• Speisereste entfernen (vorspülen)	☞ Spülwasser soll nicht sofort schmutzig werden
• Geschirr sortieren: Glas Porzellan Kunststoff Holz Besteck Töpfe Pfannen (Verschmutzungsgrad beachten!)	
• heißes Wasser in beide Spülbecken einlaufen lassen	
• in das rechte Spülbecken Spülmittel zugeben (1 Spritzer genügt!)	☞ Schaumstopp ☞ Umweltschutz
• Abtropfkorb aufstellen	
• Glas zuerst abspülen – Gläser einzeln spülen	☞ Gläser sind sehr empfindlich und zerbrechen leicht
• nachspülen	
• abtropfen lassen	
• Gläser und Glasgefäße sofort mit fusselfreiem Leinentuch abtrocknen	☞ Glas soll nicht streifig werden
• Stielgläser beim Abtrocknen am Stiel anfassen	☞ Fingerabdruck
• Untertassen, Tassen, übriges Geschirr abspülen	☞ Reihenfolge hängt vom Verschmutzungsgrad ab
• mehrere gleiche Gegenstände auf einmal ins heiße Spülwasser legen und nacheinander mit der Spülbürste reinigen	☞ rationelles Arbeiten
• nachspülen	
• abtropfen lassen (Gegenstände zum Abtropfen in den Abtropfkorb stellen)	☞ Abtrocknen wird dadurch erleichtert
• abtrocknen	

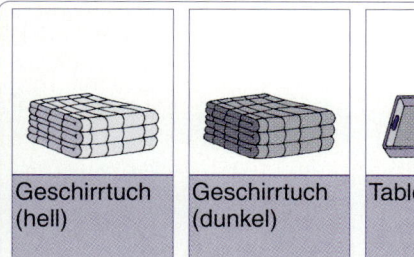

Geschirrtuch (hell)	Geschirrtuch (dunkel)	Tablett

Arbeitsgang | Begründung

 H

- Geschirr von rechts nach links in vorbereiteter Reihenfolge gründlich spülen
  – bei Bedarf Wasser wechseln

- Bestecke anschließend mit der Spülbürste reinigen
  – nie im heißen Spülwasser liegen lassen, sondern während des Abspülens in der Hand behalten

  ☞ Griffe können sich lösen
  – Holzgriffe leiden

- sofort nachspülen und abtrocknen

- Töpfe zum Schluss mit Topfschwamm reinigen, evtl. angebrannte Stellen mit Wasser und Spülmittel auskochen

  ☞ Töpfe sind am schmutzigsten

- Topf- und Pfannenböden innen und außen nach Bedarf mit flüssigem Scheuermittel kreisförmig reiben (feuchtes Spültuch als Unterlage)

  ☞ auf rutschfester Unterlage arbeiten
  – gibt Standfestigkeit

- nachspülen

- abtropfen lassen

- mit Trockentuch (dunkel) abtrocknen

- das gesamte Geschirr muss mit Trockentüchern sorgfältig getrocknet und geordnet auf einem Tablett sein

  ☞ Geschirr soll trocken weggestellt werden

- Geschirr wegräumen (aufräumen)

N

- Spültuch und -bürste gründlich ausspülen und zum Trocknen aufhängen

- Spülbecken mit Reinigungsmittel auswischen und mit klarem Wasser nachspülen, austrocknen, nachpolieren

  ☞ Reinigungsgeräte pflegen, Hygiene, Sauberkeit

- Reinigungsmittel wegräumen

  ☞ Ordnung schaffen

- Tücher zum Trocknen aufhängen

Hinweis | Begründung

- Bei kleinen Geschirrmengen erst alles spülen, dann abtrocknen!

  ☞ rationelles Arbeiten

Geschirrspülen
Mit der Geschirrspülmaschine

	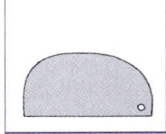			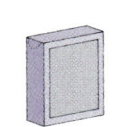			Tablett Abtropfkorb Spülmittel Spültuch
Spülbecken mit heißem Wasser	Teigkarte	Spülbürste Geschirrbürste	Abfalleimer Treteimer	Geschirrspül-maschinen-mittel	Geschirrtuch (hell)	Geschirrtuch (dunkel)	

Arbeitsgang	Begründung
V • Arbeitsplatz vorbereiten	
• für die Spülmaschine ungeeignetes Geschirr aussortieren und mit der Hand spülen, Töpfe und Pfannen – bei Bedarf einweichen	☞ materialgerechte Reinigung und Pflege
• Wasserhahn für die Spülmaschine aufdrehen	
• rechts von der Spülmaschine schmutziges Geschirr wie beim Geschirrspülen von Hand sortieren	☞ vom Sauberen zum Schmutzigen
H • Speisereste mit Teigkarte oder Spülbürste vom Geschirr entfernen, in den Abfall geben	
• groben Schmutz mit Wasser abspülen	☞ Schmutz lösen
• Geschirr anhand der Bedienungsanleitung in die Spülmaschine einräumen	☞ Arbeitsergebnis
• Spülmaschinenspülmittel zugeben	
• entsprechend dem Geschirr anhand der Bedienungsanleitung Spülmaschine in Betrieb setzen	
• nach Programmablauf Geschirr ausräumen und bei Bedarf nachtrocknen, Besteck polieren	
N • Sieb mit Bürste reinigen und wieder einsetzen	
• Wasserhahn zudrehen	☞ Sicherheit

Hinweise	Begründung
• Bei Anzeige Salz bzw. Klarspüler nachfüllen!	☞ Arbeitsergebnis
• Nimm nur eine volle Maschine in Betrieb!	☞ Energieersparnis, Umweltschutz
• Achte beim Ausräumen darauf, ob das gesamte Geschirr sauber ist!	☞ Hygiene

Glas

einfaches Glas	Kristallglas		Spezialglas	

Arten

Natronkalkglas Gebrauchsglas	Kalikalkglas	Kalibleiglas	feuer-festes Glas	feuerfrost-festes Glas

Bestand-teile

Quarzsand Soda Kalk	Quarzsand Pottasche Kalk	Quarzsand Pottasche Bleimennige	Quarzsand Soda Kalk Boroxid weitere spezielle Rohstoffe	

Verwen-dung

Hohlglas	Flachglas	Hohlglas	Flachglas	Hohl- und Flachglas	Hohlglas	Hohl- und Flachglas
Vasen Trinkgläser Lampen-schirme Glaskrüge Flaschen	Fenster Spiegel Glas-platten Glastüren Teller Platten	Vasen Schalen edle Gläser Kunst-gegen-stände	Spiegel Kunst-gegen-stände	wertvolle geschlif-fene Glaswaren optische Gläser	Koch- und Back-geschirr Baby-flaschen Kaffee- und Teekannen Teegläser	Koch- und Back-geschirr

Glas
Übersicht (Fortsetzung)

einfaches Glas	Kristallglas		Spezialglas	

Arten	Natronkalkglas Gebrauchsglas	Kalikalkglas	Kalibleiglas	feuer-festes Glas	feuerfrost-festes Glas
Eigen-schaften	• zerbricht • billig • dick, daher robust • häufig gegossen oder gepresst • häufig einfach oder bemalt	• bricht leicht • teuer • glatt • häufig graviert oder geätzt	• empfindlich • teuer • schwer • starker Glanz • voller Klang • häufig geschliffen • teilweise gefärbt	• vor Tem-peratur-schock schützen	• tempera-tur-schock-sicher • kann auf der Kochstelle und in der Röhre erhitzt werden

Merke

Glas ist empfindlich gegen:
- Stoß
- Fall
- Kratzer
- raschen Temperaturwechsel
- Hitze (Ausnahme: feuerfestes und feuer-frost-festes Glas)

Hinweise

Weitere Spezialgläser sind:

- **Verbundglas** ☞ Verwendung: **Doppelfenster, Isoliergefäße**
  ☞ Eigenschaften: **Verbundglas ist doppelwandig und hat eine luftleere Zwischenschicht**

- **Sicherheitsglas** ☞ Verwendung: **Autoscheiben, Fenster, Glastüren**
  ☞ Eigenschaften: **splittert nicht, ist nicht scharfkantig, vermindert Verletzungsgefahr**

Name	Arbeitsgeräte	Arbeitsmittel	Regel
Hohlglas **einfaches Glas** **Kristallglas**	Spülbürste Flaschenbürste	Salz Essig Spülmittel	• Gläser einzeln spülen! • Stielgläser am Stiel anfassen!
feuerfestes Glas	Spülbürste Holzspieß	Salz Essig Spülmittel verseifte Stahlwolle	• Fest anhaftenden Schmutz einweichen!
Flachglas **– Fenster** **– Spiegel**	Putztuch Fensterwischer Fensterleder	Neutralreiniger Spiritus	• Nicht bei direkter Sonneneinstrahlung putzen! • Bei Flecken Reinigungsmittel pur verwenden!

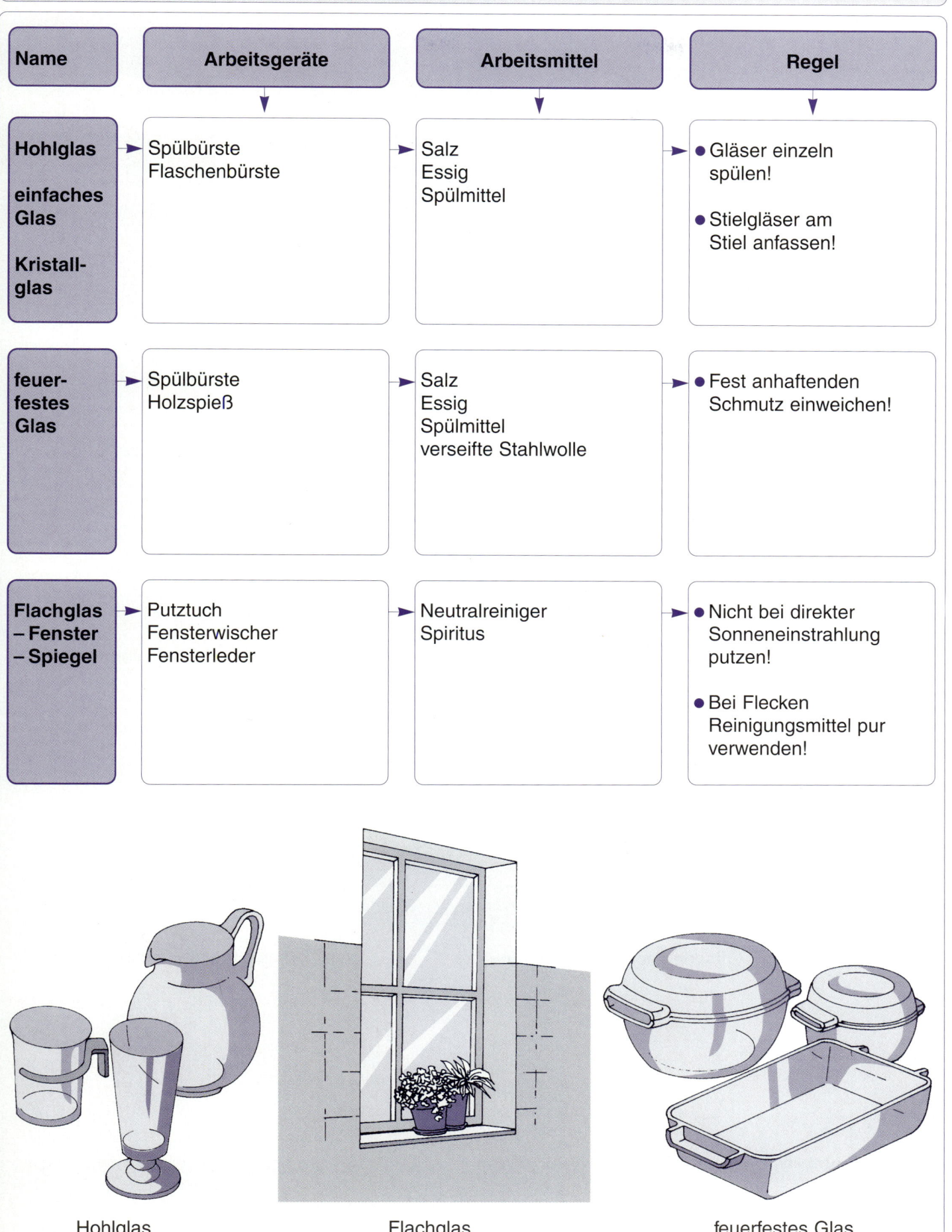

Hohlglas   Flachglas   feuerfestes Glas

Glas
Reinigung und Pflege

	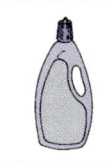	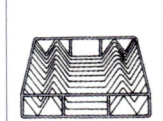					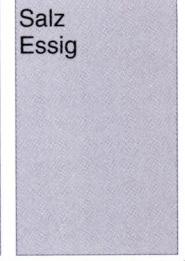
Spülbecken mit heißem Wasser	Spülmittel	Abtropfkorb Gitterkorb	Spültuch Spüllappen	Geschirrtuch (hell)	Flaschen-bürste	Tablett	Salz Essig

Arbeitsgang

V siehe Seite 24/25 Geschirrspülen von Hand

- stark verschmutztes Geschirr einweichen
- Gläser und Glasgeschirr nach Verschmutzungsgrad sortieren

H

- Gläser und Glasgeschirr einzeln in Spülmittellösung spülen
- Stielgläser immer am Stiel anfassen
- sofort nachspülen
- auf Abtropffläche mit der Öffnung nach unten stellen
- sofort gründlich abtrocknen

Besondere Behandlung

- Kalkansatz mit Essig oder Salz behandeln
- Schmutzränder einweichen und mit Essig reingen

N siehe Seite 24/25 Geschirrspülen von Hand

- Gläser mit der Öffnung nach unten einordnen

Begründung

☞ Schmutz lösen

☞ vom Sauberen zum Schmutzigen

☞ Empfindlichkeit der Gläser

☞ Spülmittelreste entfernen

☞ Streifenbildung vermeiden

☞ Umweltschutz

☞ Verstauben verhindern

Hinweis

- Zum Abtrocknen von Gläsern und Glasgeschirr fusselfreie Tücher (z. B. Leinen) verwenden!

Feuerfestes Geschirr

						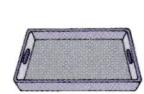	
Spülbecken mit heißem Wasser	Spülmittel	Abtropfkorb Gitterkorb	Spültuch Spüllappen	Spülbürste Geschirrbürste	Geschirrtuch (hell)	Tablett	Spültuch (feucht) verseifte Stahlwolle Teigschaber

Arbeitsgang	**Begründung**
V **siehe Seite 24/25 Geschirrspülen von Hand**	
• Gläser und Glasgeschirr nach Verschmutzungsgrad sortieren	☞ vom Sauberen zum Schmutzigen
• Speisenreste mit Teigschaber entfernen und in den Abfall geben	
• stark verschmutztes Geschirr einweichen	☞ Schmutz lösen
H • Gegenstände aus feuerfestem Glas in Spülmittellösung reinigen	☞ vom Sauberen zum Schmutzigen
• bürsten	
• nachspülen	
• abtrocknen	
• bei Flecken flüssiges Scheuermittel verwenden	
• fest anhaftenden Schmutz mit verseifter Stahlwolle entfernen – spülen	☞ Kratzer vermeiden
• nachspülen	
• abtrocknen	
N **siehe Seite 24/25 Geschirrspülen von Hand**	
• Arbeitsmittel und -geräte materialgerecht reinigen und aufräumen	☞ Ordnung

Hinweise

• Zum Abtrocknen fusselfreie Tücher (z. B. Leinen) verwenden!

• Feuerfestes Glas vor raschem Temperaturwechsel schützen!

• Trüb gewordenes Glasgeschirr kann mit Essig behandelt werden!

Abstellfläche	Sicherheits-leiter	Handbesen Handfeger	Kehrschaufel Kehrblech	Eimer (klein)	Neutral-reiniger	Putztuch Putzlappen	Trockentuch (dunkel)

Arbeitsgang

Begründung

- Arbeitsmittel und -geräte bereitstellen

☞ rationelles Arbeiten

- Vorhänge zurückziehen oder bei Bedarf abnehmen

- auf der Fensterbank stehende Gegenstände reinigen und zur Seite stellen

- empfindliche Fußböden außerhalb der Leiter abdecken

☞ Unfallgefahr (Leiter kann rutschen)

- Fensterrahmen und Fensterbänke innen und außen auf Kehrschaufel abkehren

- Fensterrahmen mit Reinigungsmittellösung
  – erst innen, dann außen
  – von oben nach unten
  materialgerecht reinigen

☞ vom Sauberen zum Schmutzigen

- bei Bedarf mit klarem Wasser nachwischen und trocknen

☞ rationelles Arbeiten (vermindert Schmutz)

- Fensterscheiben mit Spirituswasser
  – erst innen
  – von oben nach unten, schlangenförmig mit der Schwammseite des Fensterwischers/Abziehers reinigen

☞ Umweltschutz

- gereinigtes Fenster mit Abzieher oben waagerecht abziehen

☞ rationelles Arbeiten (vermindert Schmutz)

- Abzieher am Fensterleder abwischen

- Fensterfläche von oben nach unten (ohne Zwischenräume) abziehen

☞ Streifenbildung vermindern

- Abzieher nach jedem Zug abwischen

☞ Reinigungswirkung verbessern

- Fensterleder auswaschen und ausdrücken (nicht auswringen)

☞ Materialschonung

- Wasserreste mit Fensterleder abwischen

- Fensterrahmenunterseiten abwischen – trocknen

☞ Sauberkeit

	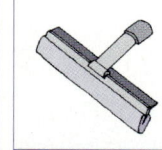	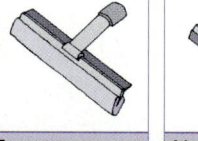	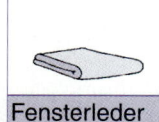		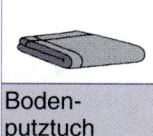
Spiritus	Fenster-wischer	Abzieher	Fensterleder	Holzspieß	Boden-putztuch Aufnehmer

Arbeitsgang

H

- mit der Fensteraußenseite ebenso verfahren
- Fensterbank materialgerecht reinigen (feucht abwischen)
- trocknen

N

- Fenster schließen
- gereinigte Gegenstände ordentlich zurückstellen
- Vorhänge zuziehen (bzw. gewaschene Vorhänge aufhängen)
- Arbeitsmittel und -geräte materialgerecht reinigen und aufräumen
- Bodenabdeckung entfernen bzw. Boden aufwischen, trocknen und unfallsicher hinterlassen

Begründung

☞ rationelles Arbeiten

☞ Ordnung

☞ Unfallverhütung

Hinweise

- Abzieher und Wischer können in einem Gerät sein!
- Fensterrahmen, Fensterbänke und Gegenstände materialgerecht reinigen!
- Fenster nicht bei direktem Sonnenlicht putzen! Scheiben werden blind!
- Fensterecken bei Bedarf mit Holzspieß reinigen!
- Fensterdichtungen können durch unpassende Reinigungsmittel verhärten!

Begründung

☞ Materialschonung

☞ Streifenbildung

☞ Materialschonung

Glas
Reinigung und Pflege

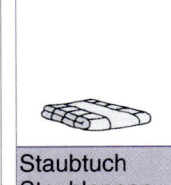					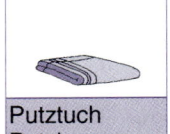	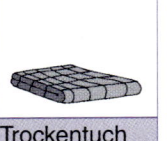	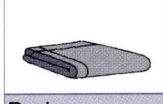
Staubtuch Staublappen	Eimer (klein)	Spiritus	Schwamm	Fensterleder	Putztuch Putzlappen	Trockentuch (dunkel)	Boden-putztuch Aufnehmer

Arbeitsgang

Begründung

 • Arbeitsmittel und -geräte bereitstellen (nach Möglichkeit in Arbeitshöhe)

☞ rationelles Arbeiten

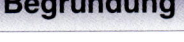 • bei Bedarf Spiegel und Spiegelrahmen abstauben

• Spiegelrand bzw. Rahmen materialgerecht reinigen

• Spiegelfläche und Spiegelrahmen wellenförmig mit Spiritus pur entfernen

☞ rationelles Arbeiten

• mit klarem Wasser nachwischen

• mit fusselfreiem Tuch oder Fensterleder streifenfrei trocknen

 • Arbeitsmittel und -geräte materialgerecht reinigen und aufräumen

☞ Ordnung

• Fensterleder mit klarem Wasser auswaschen

• nass gewordene Gegenstände und Boden trocknen

☞ Materialschutz
☞ Unfallverhütung

• für Frischluftzufuhr sorgen

Hinweise

• Spiegelglas wird gegossen und geschliffen!

• Zur Verspiegelung wird das Glas mit einer dünnen Silberschicht und Lack versehen!

• Wertvolle Spiegel werden aus Bleiglas hergestellt. Sie werden in eine Hohlform geblasen, dann aufgeschnitten und flach gewalzt!

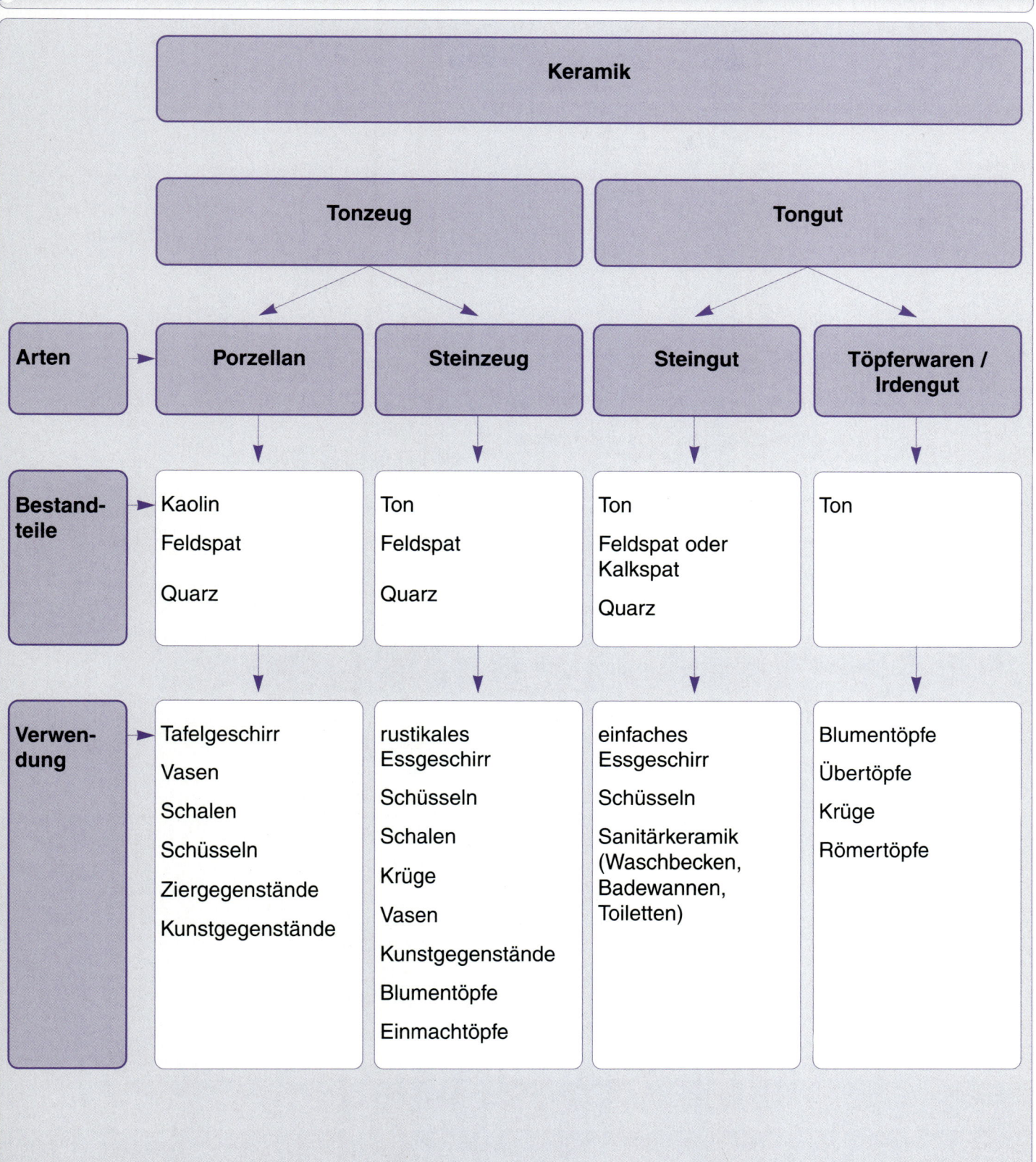

	Porzellan	Steinzeug	Steingut	Töpferwaren / Irdengut
Keramik				
	Tonzeug		**Tongut**	
Arten	Porzellan	Steinzeug	Steingut	Töpferwaren / Irdengut
Bestand-teile	Kaolin Feldspat Quarz	Ton Feldspat Quarz	Ton Feldspat oder Kalkspat Quarz	Ton
Verwen-dung	Tafelgeschirr Vasen Schalen Schüsseln Ziergegenstände Kunstgegenstände	rustikales Essgeschirr Schüsseln Schalen Krüge Vasen Kunstgegenstände Blumentöpfe Einmachtöpfe	einfaches Essgeschirr Schüsseln Sanitärkeramik (Waschbecken, Badewannen, Toiletten)	Blumentöpfe Übertöpfe Krüge Römertöpfe

Tonzeug		Tongut	

Arten	Porzellan	Steinzeug	Steingut	Töpferwaren / Irdengut

Eigen-schaften

- wasserundurchlässig
- dicht (bereits nach dem Brennen), hart
- empfindlich gegen Stoß und Kratzer

- wasserdurchlässig
- undicht, werden erst durch die Glasur dicht
- sehr zerbrechlich
- meist dickwandig

- weiß
- glatt
- glänzend
- meist dünnwandig

- hell bis bräunlich
- glatt, auch rauh
- glänzend
- meist dickwandig

Merke

Keramik ist empfindlich gegen:

- Stoß
- Fall
- Kratzer
- raschen Temperaturwechsel

Hinweise

Für feuerfeste Keramik (feuerfestes Porzellan oder feuerfester Ton) gilt:

- **Verschiedene Beimischungen bewirken die Unempfindlichkeit!**
- **Niemals auf eine heiße Kochstelle oder in die heiße Röhre stellen!**
- **Vor großen Temperaturschwankungen schützen!**
- **Diese Erzeugnisse sind mikrowellengeeignet!**

Keramik
Reinigung und Pflege

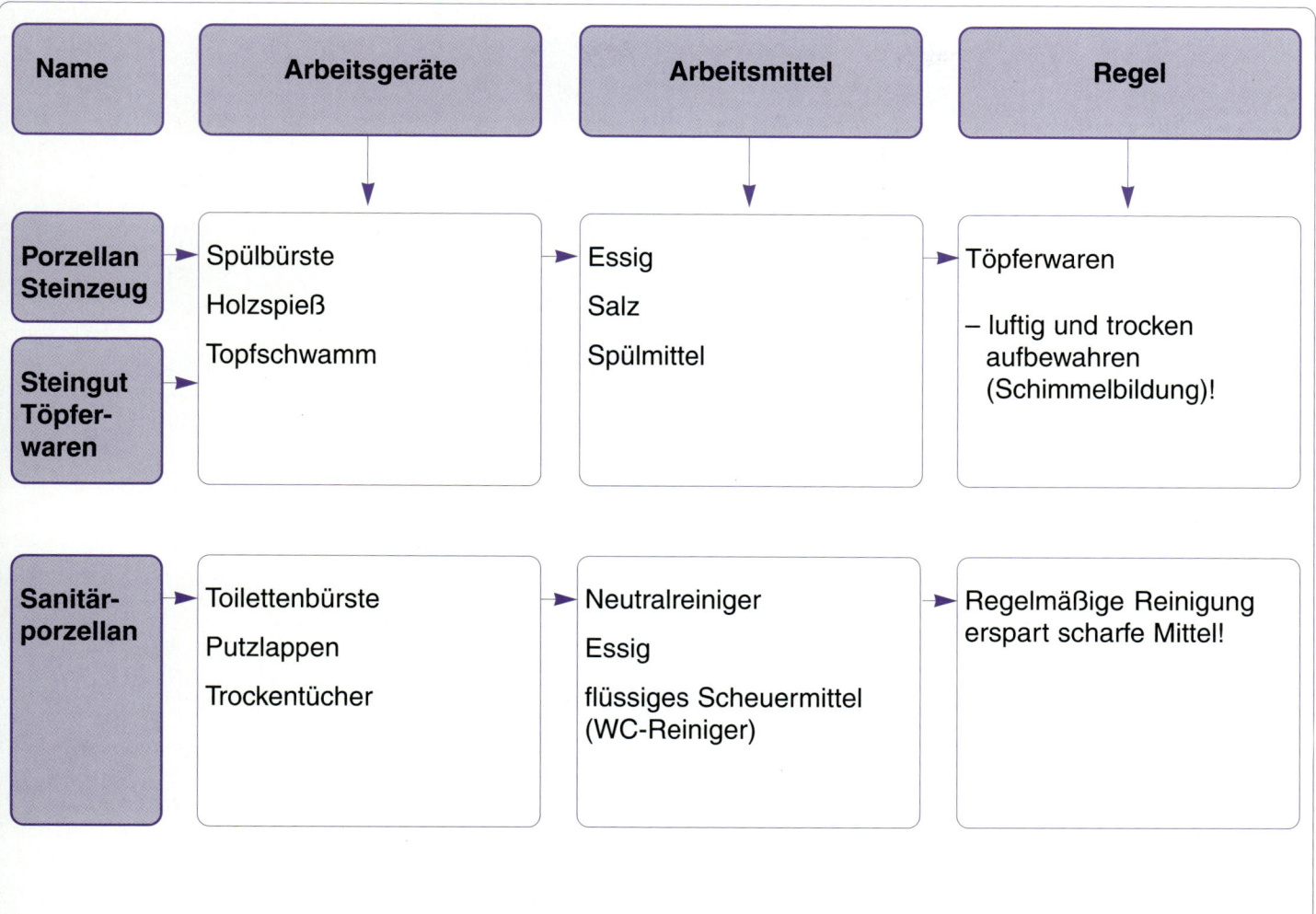

Name	Arbeitsgeräte	Arbeitsmittel	Regel
Porzellan Steinzeug / **Steingut Töpfer-waren**	Spülbürste Holzspieß Topfschwamm	Essig Salz Spülmittel	Töpferwaren – luftig und trocken aufbewahren (Schimmelbildung)!
Sanitär-porzellan	Toilettenbürste Putzlappen Trockentücher	Neutralreiniger Essig flüssiges Scheuermittel (WC-Reiniger)	Regelmäßige Reinigung erspart scharfe Mittel!

Hinweise

- Keramikerzeugnisse sind – außer unglasierten Töpferwaren – glasiert!

- Die Glasur wird bei einem weiteren Brand aufgebracht!

- Das Muster (= Dekor) kann als
  – Unterglasurdekor
    (roher Scherben wird verziert und dann gebrannt),
  – Inglasurdekoration
    (rohe oder schon 1x gebrannte Glasur wird verziert und gebrannt) und
  – Aufglasurdekoration
    (auf die gebrannte Glasur wird die Verzierung aufgebracht und bei niedrigen Temperaturen eingebrannt)
    aufgetragen werden!

- Nur Tonwaren mit In- oder Unterglasurdekoration sind „spülmaschinenfest"!

- Aufglasurdekoration ist nicht „spülmaschinenfest"!

- Rohe Tonwaren sind unglasierte Töpferwaren; nie mit Scheuerpulver behandeln!

- Unglasierte Töpferwaren sind sehr bruchempfindlich!

						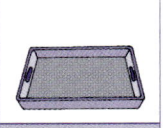	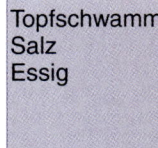
Spülbecken mit heißem Wasser	Spülmittel	Abtropfkorb Gitterkorb	Spültuch Spüllappen	Spülbürste Geschirrbürste	Geschirrtuch (hell)	Tablett	Topfschwamm Salz Essig

Arbeitsgang	**Begründung**

 siehe Seite 24/25 Geschirrspülen von Hand

- Geschirr nach Verschmutzungsgrad sortieren

  ☞ vom Sauberen zum Schmutzigen

- stark verschmutztes Geschirr einweichen

  ☞ Schmutz lösen

H
- Gegenstände in Spülmittellösung reinigen

- nachspülen

- im Abtropfkorb abtropfen lassen

- abtrocknen

- Kalk- und Schmutzränder bei wasserundurchlässigem (dichtem) Geschirr mit Salz und Essig reinigen

  ☞ Umweltschutz

- poröses Geschirr nur mit Essigwasser bürsten

  ☞ Umweltschutz

- mit Topfschwamm reinigen

 siehe Seite 24/25 Geschirrspülen von Hand

- poröses Geschirr gut austrocknen lassen

  ☞ Geruchsbildung
  ☞ Schimmelbildung verhindern

- Arbeitsmittel und -geräte materialgerecht reinigen und aufräumen

  ☞ Ordnung

Hinweis

- Reinigen von Fliesen, Kacheln, Sanitäranlagen siehe Seite 39 ff.!

							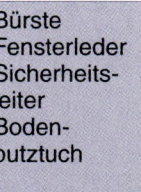
Handbesen Handfeger	Eimer (klein)	Neutral-reiniger	Putztuch Putzlappen	Trockentuch (dunkel)	Kehrschaufel Kehrblech	Geschirrtuch (dunkel)	Bürste Fensterleder Sicherheits-leiter Boden-putztuch

Arbeitsgang	Begründung
V • Arbeitsmittel und -geräte bereitstellen	☞ rationelles Arbeiten
• empfindlichen Bodenbelag abdecken	☞ Tropfen verursachen Flecken
H **Trockenreinigung**	
• Fliesenfläche von oben nach unten – streifenförmig – abkehren	☞ Staub entfernen
• Schmutz auf Kehrschaufel kehren	
• Ansatzkante (oberer Rand) abbürsten, nicht abwischen	☞ Schonung der Wand
Nassreinigung	
• Wandfläche von oben nach unten mit Reinigungsmittel säubern	☞ rationelles Arbeiten
• Rillen und Fugen mit feuchter Bürste abbürsten	☞ Hygiene
• zur Fleckenentfernung Reinigungsmittel pur verwenden	
• Wandfläche von oben nach unten mit klarem heißem Wasser nachwischen	☞ Streifenbildung vermeiden durch herunterlaufende Wassertropfen „Tränen"
• mit Fensterleder oder Trockentüchern von oben nach unten trocknen	☞ Ergebnis fussel- und streifenfrei
N • Arbeitsmittel und -geräte materialgerecht reinigen und aufräumen	☞ Ordnung
• Fensterleder gründlich in klarem Wasser ausspülen	☞ Materialschonung
• Fußboden nach Bedarf wischen	
• trocken und unfallsicher hinterlassen	☞ Unfallverhütung

Keramik
Reinigung und Pflege

	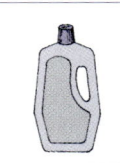						Boden-putztuch Salz Essig
Eimer (klein)	Neutral-reiniger	Scheuermittel (flüssig)	Putztuch Putzlappen	Bürste (weich)	Trockentuch (dunkel)	Holzspieß	

Arbeitsgang	Begründung
V ● Arbeitsmittel und -geräte bereitstellen	☞ rationelles Arbeiten
● Gegenstände vom Waschbecken abräumen und reinigen	
H ● Armaturen, Hähne, Hebel, Metallstöpsel, Abfluss, Syphon und Wasserüberlauf materialgerecht reinigen	☞ materialgerechte Reinigung und Pflege
● Kanten und Ecken mit Bürste bzw. Holzspieß säubern	☞ Hygiene
● Becken erst innen, dann außen mit Neutralreiniger-lösung reinigen, stärker verschmutzte Becken mit flüssigem Scheuermittel behandeln	
● Flecken und Kalkränder mit Essig und Salz entfernen	☞ Umweltschutz
● mit klarem Wasser nachspülen	
● gründlich trocknen	☞ Streifenbildung vermeiden
N ● Arbeitsmittel und -geräte materialgerecht reinigen und aufräumen	☞ Ordnung
● abgeräumte Gegenstände ordentlich zurückstellen	☞ Unfallverhütung
● Fußboden trocken hinterlassen	☞ Hygiene ☞ Unfallverhütung

Hinweise	Begründung
● Bei Bedarf Syphon auch innen reinigen!	
● Handtücher regelmäßig wechseln!	☞ Hygiene

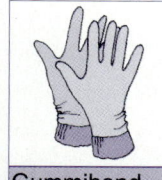					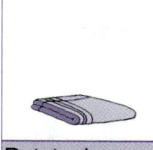		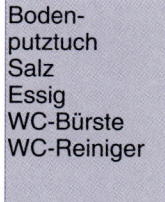
Gummihand-schuhe	Eimer (klein)	Neutral-reiniger	Scheuermittel (flüssig)	Holzspieß	Putztuch Putzlappen	Trockentuch (dunkel)	Boden-putztuch Salz Essig WC-Bürste WC-Reiniger

Arbeitsgang	Begründung

- Arbeitsmittel und -geräte bereitstellen
- Extratücher verwenden
- Gummihandschuhe

 rationelles Arbeiten

 Hygiene

 Tägliche Reinigung

- etwas flüssiges Scheuermittel rundum ins Becken geben
- mit der Toilettenbürste oberen Innenrand, Beckeninneres und Ablauf gründlich bürsten
- nachspülen

 optimaler Reinigungseffekt

Gründliche Reinigung

- WC-Reiniger rundum in die Schüssel und den Abfluss geben (Gebrauchsanweisung beachten!), einwirken lassen und einschließlich Innenrand gründlich bürsten und nachspülen

optimaler Reinigungseffekt
Wartezeit mit anderen Arbeiten ausfüllen
Hygiene

Immer

- äußeres Toilettenbecken, Rand und Abflussrohr mit Neutral-reinigerlösung abwischen, mit klarem Wasser nachwischen und trocknen
- Toilettenbrille und Deckel oben und unten mit Neutralreiniger-lösung abwischen

optimaler Reinigungseffekt
Hygiene
umweltbewusstes Entfernen von Wasserflecken

Zusatzarbeiten

- Flecken und Kalkränder mit Essig reinigen
- mit klarem Wasser nachwischen und trocknen
- Armaturen materialgerecht reinigen (verschmutzte Ritzen und Rillen mit Holzspieß)
- Toilettenbürstenständer und Toilettenpapierhalter material-gerecht reinigen
- Toilettenbürste im WC-Becken abspülen
- Stiel abwischen

Materialschonung
Hygiene
Staub und Fingerabdrücke entfernen

- Arbeitsmittel und -geräte materialgerecht reinigen und aufräumen
- Fußboden wischen, trocken und unfallsicher hinterlassen

Ordnung
Unfallverhütung

41

Kunststoffe
Übersicht

Kunststoffe

Arten

Thermoplaste

Duroplaste

vollsynthetische (= chemische) Kunststoffe, die erwärmt weich und verformbar sind und abgekühlt fest und spröde werden

vollsynthetische (= chemische) Kunststoffe, die sich nach dem Erhärten nicht mehr verformen

Bestand- teile

Erdöl und Erdölprodukte

Eigen- schaften

- fast unzerbrechlich
- meist nicht schlagfest, bei Bruch keine scharfen Kanten
- hart
- verkratzt
- nicht schnittfest
- geschmacks- und geruchsneutral
- empfindlich gegen Hitze

Verwen- dung

Besteck
Kämme
Geschirre
Styropor
Gehäuse von Elektrogeräten
Tragebeutel
Eimer
Schüsseln
Beschichtung von Kochgeschirr
Fußbodenbeläge

elektrische Schalter
Stecker
Bügeleisengriffe
Möbeloberflächen (Schichtholzplatten)
Tabletts
Spülbecken
Balkonverkleidung

Handels- namen

Plexiglas	Nylon
Hostalen	Perlon
Hostalit	micro-dur
Teflon	Polystrol
Hostaflon	
PVC (= Polyvinylchlorid)	

Bakelit
Resopal
Duropal
Vestopal

Name	Arbeitsgeräte	Arbeitsmittel
Thermoplaste Duroplaste	Spülbürste Schmutzbürste – je nach Gegenstand Holzspieß Wattestäbchen	Spülmittel/Neutralreiniger Salz Essig (flüssiges Scheuermittel)

Regel

- Keine scharfen und kratzenden Arbeitsmittel und Arbeitsgeräte verwenden!

Hinweise

Pfannen, Kochgeschirre und Backformen werden oft mit Kunststoff (z. B. Teflon, Hostaflon oder „Teflon Silver-Stone" – besonders widerstandsfähig) beschichtet:

Vorteile

- Speisen- bzw. Teigreste kleben weniger an (Antihafteffekt),
- Geschirre lassen sich leichter reinigen und
- es kann mit wenig bzw. ohne Fett gegart werden!

Vorsicht

- Beschichtung ist nicht sehr abrieb- und kratzfest,
- keine Metallwender, Messer, Topfkratzer verwenden – Geräte aus Holz und Kunststoff schonen die Oberfläche,
- Überhitzung ist gesundheitlich bedenklich – mit den verdampften Bestandteilen gehen Antihafteigenschaften verloren und
- nicht mehr einwandfreie Beschichtung von Kochgeschirren kann Gesundheitsschäden hervorrufen!

- Das RAL-Gütezeichen Kunststoff (K aus 5 Punkten) garantiert, dass die Ware für ihren Zweck geeignet und einwandfrei verarbeitet ist (z. B. hier Sitzmöbel) oder Kunststoff für Lebensmittel, die dem Lebensmittelbedarfsgegenstände-Gesetz (LMBG) entsprechen und für Lebensmittel unbedenklich sind!

RAL-Gütezeichen für
Kunststoff   Lebensmittel

Kunststoffe
Reinigung und Pflege

						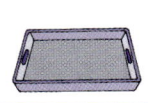	Spültuch (feucht) Salz Essig
Spülbecken mit heißem Wasser	Spülmittel	Abtropfkorb Gitterkorb	Spültuch Spüllappen	Spülbürste Geschirrbürste	Geschirrtuch (hell)	Tablett	

Arbeitsgang	**Begründung**

 V siehe Seite 24/25 Geschirrspülen von Hand

- Gegenstände sortieren

- stark verschmutztes Geschirr einweichen ☞ Schmutz lösen

H

- Arbeitsgeschirr aus Kunststoff in Spülmittellösung reinigen ☞ Vom Sauberen zum Schutzigen

- nachspülen

- abtrocknen

- Kalk- und Schmutzränder mit Salz und Essig bürsten ☞ Arbeitserleichterung

- feuchtes Tuch als Unterlage verwenden ☞ Standfestigkeit

- starke Verschmutzung mit Spülmittel pur, notfalls mit flüssigem Scheuermittel reinigen ☞ Hygiene

 N siehe Seite 24/25 Geschirrspülen von Hand

- Arbeitsmittel und -geräte materialgerecht reinigen und aufräumen ☞ Ordnung

- Fußboden trocken und unfallsicher hinterlassen ☞ Unfallverhütung

Hinweise	**Begründung**

- Gegenstände aus Kunststoff sind sehr hitzeempfindlich! ☞ Unfallverhütung

- Deshalb darf man sie nicht
  – mit heißem Fett füllen oder
  – auf Herdplatten abstellen!

Elektrogeräte mit Kunststoffgehäuse
(z. B. Handrührgeräte)

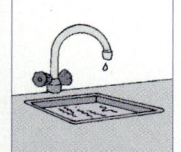						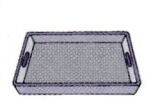	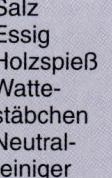
Spülbecken mit heißem Wasser	Spülmittel	Abtropfkorb Gitterkorb	Spültuch Spüllappen	Spülbürste Geschirrbürste	Geschirrtuch (hell)	Tablett	Salz Essig Holzspieß Wattestäbchen Neutralreiniger

Arbeitsgang

Begründung

- Gerät ausschalten   ☞ Unfallverhütung

- Stromkontakt muss unterbrochen sein   ☞ Stromschlag

- Schneebesen, Knethaken, Passierstab aus dem Gerät lösen und gründlich in Reinigungsmittellösung spülen

 **siehe Seite 24/25 Geschirrspülen von Hand**

- klar nachspülen

- abtrocknen

- Mixstab an Kontaktstelle festhalten, mit Spülbürste gründlich reinigen   ☞ Stromschlag

- klar nachspülen

- abtrocknen   ☞ Unfallverhütung

- Kontaktstelle mit Wattestäbchen oder Holzspieß trocken reinigen   ☞ Hygiene

- Vertiefungen, Rillen und Lüftungsschlitze mit trockenem Wattestäbchen und Zahnstocher säubern

- hartnäckige Verschmutzungen mit feuchtem Schwamm, Essig und Salz (und Spülmittel pur) entfernen

- Stecker, Kabel, Gehäuse feucht abwischen

- Gerät feucht nachwischen und gut trocknen   ☞ Streifenbildung vermeiden

- Halterung feucht reinigen und gut trocknen

siehe Seite 24/25 Geschirrspülen von Hand

- Arbeitsmittel und -geräte materialgerecht reinigen und aufräumen   ☞ Ordnung

Naturstein und Kunststein
Übersicht

Stein

Arten →

Natur-steinwerk	Kunst-stein	keramische Platten und Fliesen	Ziegel-tonplatten	Estrich

Marmor Schiefer Solnhofer--Platten Muschelkalk	Terrazzo Betonwerkstein-platten	Steingut Steinzeug

Eigen-schaften →

- lösungsmittelunempfindlich

- wasserfest

- feuersicher

- fußkalt

- schlechte Wärmedämmung, daher nicht für alle Räume geeignet

- Möglichkeiten der Installation einer Fußbodenheizung für Wohnräume nutzen

- lange Nutzungsdauer

- teuere Anschaffung

- unempfindlich, gut für Großküchen

Verwen-dung →

harte Fuß-bodenbeläge Innen- und Außenbereich	Flure/Dielen Treppenhäuser	**Steingutfliesen** Innenwände (eigentliche Wandfliesen) – bei Verwendung als Bodenbelag in wenig beanspruchten Räumen auf das „Fußsymbol" achten	**Steinzeugfliesen** Außenbereich wie Terrassen, Hauseingänge, Balkone und auch als Wandfliesen für besondere Ansprüche

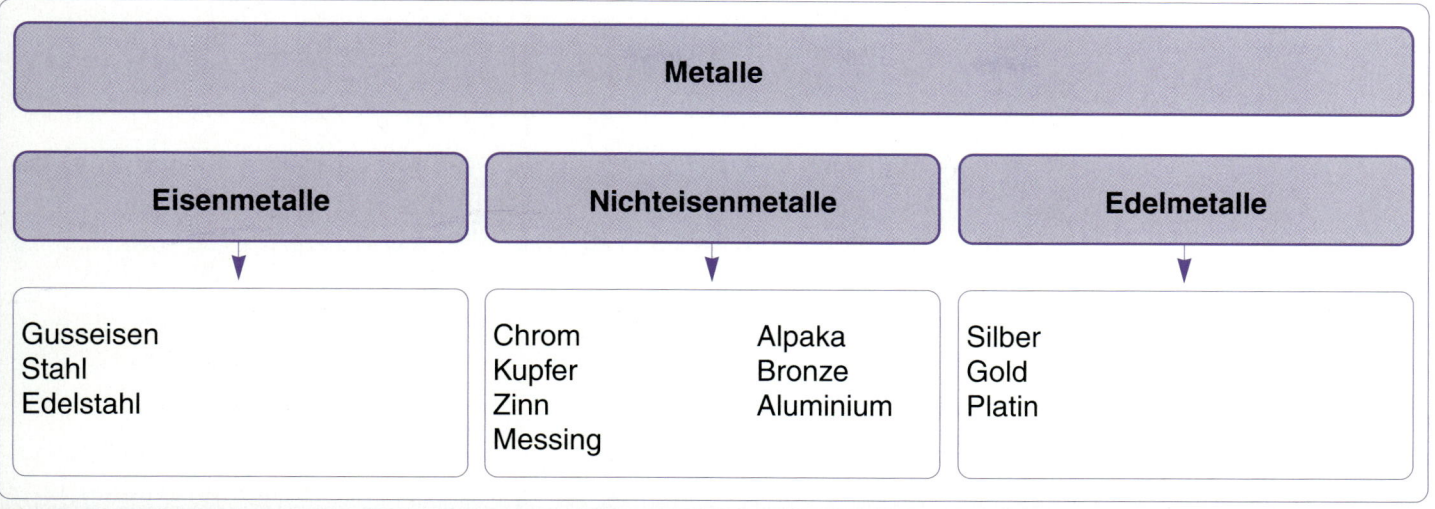

Metalle

Eisenmetalle	Nichteisenmetalle	Edelmetalle
Gusseisen Stahl Edelstahl	Chrom Alpaka Kupfer Bronze Zinn Aluminium Messing	Silber Gold Platin

Allgemein

- Die meisten Kochgeschirre werden aus Eisenmetallen hergestellt.

- Die Form soll der Garmachungsart angepasst sein, z. B.:
  - Pfanne   → Braten, Kurzgaren
  - hoher Topf → Kochen
  - flacher Topf → Dünsten, Schmoren

- Der Durchmesser des Topfbodens muss mit der Plattengröße übereinstimmen und plan (= eben) sein, nur so kann das Nahrungsgut energiesparend und gleichmäßig gegart werden.

→ Der Topf ist für die Kochstelle ...   → Der Topfboden steht auf der Kochstelle ...

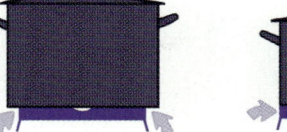   

... zu klein   ... zu groß   ... genau passend   ... nicht plan   ... plan

- Die Größe des Topfes (Inhalt) richtet sich nach der Größe der Familie.

- Der Topfdeckel muss gut schließen (= Energieersparnis und Nährwerterhalt).

- Die Griffe sollen hitzebeständig, spülmaschinenfest, leicht zu reinigen und gut zu greifen sein.

- Schüttrand zum leichten Ausgießen soll vorhanden sein (= Flüssigkeit soll nicht am Topf entlanglaufen).

Hinweise   Begründung

- Je nach Geschmack können auch Gargeschirre aus feuerfestem Glas oder Porzellan Verwendung finden!

- Für die Mikrowelle nur mikrowellengeeignetes Geschirr verwenden!   ☞ Werterhaltung

Eisenmetalle				
Name	**Gusseisen**	**Stahl** (siehe nebenstehend)	**Edelstahl**		
			Chromstahl	Chrom-Nickelstahl	Chrom-Manganstahl
Material	graues Roheisen	alles schmiedbare Eisen (Roheisen wurden Kohlenstoffe entzogen)	Legierung aus Eisen und Chrom (Anteil 12-18%)	Legierung aus Eisen, Nickel (Anteil 17-18%) Chrom (Anteil 8-10%) Kennzeichnung: z. B. 18/10% gibt die Prozentanteile von Chrom und Nickel an	Legierung aus Eisen, Chrom, Mangan
Eigenschaften	• rostempfindlich • stoßempfindlich • hohes Gewicht • rauhe Oberfläche	• blanke Oberfläche • rostempfindlich • hart • abriebfest	• sehr hohe Härte • rostfrei • glatte Oberfläche • nur teilweise spülmaschinengeeignet	• sehr widerstandsfähig • rostfrei • spülmaschinenfest • glatte Oberfläche	• besonders widerstandsfähig • sehr teuer • rostfrei • glatte Oberfläche
Verwendung	Herdplatten Öfen Bräter Pfannen usw.	Messer Scheren Werkzeuge usw.	Messerklingen Essbestecke und Kochgeschirr der unteren Preisklasse Kennzeichnung: stainless, rostfrei, INOX usw.	hochwertige Bestecke und Kochgeschirre Arbeitsflächen Spülbecken Auskleidung von Waschmaschinen usw.	hochwertige Bestecke und Kochgeschirre Tischgeräte usw.

Stahl

Material	• Stahl, (Roheisen, dem Kohlenstoffe entzogen wurden) • dünnwandig • geringere Wandstärke

Überzüge als Schutz gegen Rost

Name	Email	Zinn	Oxid	Zink	Kunst-stoff	Antihaft-beschich-tung
	Email, Stahlemail	Weißblech	Schwarz-blech	verzinktes Stahlblech		
Eigen-schaften	• farbig • glatte Oberfläche • glasartiger, glänzender Überzug • stoß-empfindlich • Überzug springt ab • an den Beschich-tungen bildet sich Rost	• leicht • verformt sich • verkratzt • beständig gegen Laugen und Säuren • helles Aussehen	• dunkles Aussehen • bräunt Lebens-mittel gut • bedingt kratzfest	• grau • beständig gegen Laugen • verkratzt • rostet auch bei Beschä-digung des Überzugs nicht	• meist als Lack, Farb-kontrast • nicht kratzfest • empfind-lich gegen Hitze • rostet an beschädig-ten Stellen	• für fettarme Gar-verfahren • löst Kuchen leichter aus den Back-formen • eignet sich auch für höhere Tempe-raturen
Verwen-dung	Töpfe Pfannen Arbeits-bleche	Konserven-dosen Backformen Ausstech-formen	Backbleche Ausstech-formen Backformen	Wannen Eimer	Gebrauchs-gegenstände	Backbleche Backformen Pfannen Wender

	Edelmetalle		
Name	**Silber**	**Gold**	**Platin**
	Echtsilber / Sterlingsilber / Feinsilberauflage / versilbert		
Eigenschaften	**Echtsilber + Sterlingsilber:** • silberweiß • mattglänzend • sehr weich (meist mit Kupfer legiert – gibt nötige Festigkeit je nach Legierung) • dehnbar • kratzempfindlich • läuft in Verbindung mit Schwefel an **Feinsilberauflage / versilbert:** • Silber wird als Überzugsmetall auf Metallkern (meist Kupferlegierung oder Chromnickelstahl) aufgebracht	• weicher als Silber • wird immer legiert – z. B. mit Kupfer (rötlich), Silber, Nickel oder Platin (hell bis silberweiß) • kratzempfindlich • beständig gegen alle Speisen und Getränke	• grauweiß • mattglänzend • sehr teuer • korrosionsbeständig • unempfindlich gegen Säuren • Zusatzmetall: Kupfer • relativ weich • kann gehärtet werden

Metalle

(Fortsetzung) **Edelmetalle**

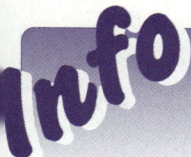

<table>
<tr><th>Name</th><th colspan="3">Silber</th><th>Gold</th><th>Platin</th></tr>
<tr><td></td><td>Echtsilber</td><td>Sterlingsilber</td><td>Feinsilberauflage / versilbert</td><td></td><td></td></tr>
<tr><td>Kennzeichnung</td><td>z. B.:
800
835</td><td>z. B.:
925</td><td>z. B.:
90
100</td><td>z. B.:
333
585
750</td><td>z. B.:
960</td></tr>
<tr><td></td><td colspan="2">Stempelaufdruck gibt Anteil der Legierung an und geht immer von 1.000 Teilen aus:
z. B. 835 ≙ 835 Teile Silber, 165 Teile Kupfer</td><td>Stempelaufdruck gibt an, wieviel Gramm Silber zum Versilbern von 24 cm^2 (≙ 12 Esslöffel + 12 Essgabeln) Besteckoberfläche verwendet wurden</td><td>Stempelaufdruck gibt Goldanteil oder „Karat“ an: Angabe, z. B.: 333 Teile Feingold
→ ≙ 8 Karat
585 ≙ 14 Karat
750 ≙ 18 Karat
1 000 ≙ 24 Karat</td><td>Stempelaufdruck gibt Platingehalt auf 1.000 Teile an.</td></tr>
<tr><td>Verwendung</td><td colspan="2">Schmuck
Bestecke
Ziergegenstände</td><td>Schmuck
Bestecke
Ziergegenstände</td><td colspan="2">Schmuck
Verwendung in der chemischen und elektrischen Industrie</td></tr>
</table>

Hinweise

- **Silbergegenstände (z. B. Leuchter, Teller) müssen Feingehalt, Herstellerstempel und Gütezeichen für Echtsilber tragen!**
- **Patentversilberung: Silberauflage ist an häufig beanspruchten Stellen besonders verstärkt!**
- **Dubleegold: Es wird „Goldfolie“ (oft sehr dünn) auf eine Metallunterlage (nicht Gold) aufgeschweißt (333 oder 585)!**

Metalle
Nichteisenmetalle

Nichteisenmetalle							
Name	**Chrom**	**Kupfer**	**Zinn**	**Messing**	**Alpaka**	**Bronze**	**Aluminium**
Material / Eigenschaften	• bläulich glänzend • nicht rostend • nicht oxidierend • säurebeständig • haltbarer Überzug	• rötlich • schwer • in Verbindung mit Essigsäure bildet sich Grünspan (giftig!) • hohe Wärmeleitfähigkeit • an feuchter Luft bildet sich grüne Schicht Patina (=Schutzschicht)	• weich • dehnbar • hellglänzend • oxidiert nicht • kann dünn zu Folie ausgewalzt werden	• Kupfer-Zink-Legierung • gelblich hoher Glanz • gut polierbar oder matt • läuft an, bildet in Verbindung von Luft und Säuren Grünspan (giftig!)	• Kupfer-Zink-Nickel-Legierung • hart • auch unter dem Namen Neusilber im Handel • glänzend	• Kupfer-Zinn-Legierung • Farbe je nach Zusammensetzung • hart • matt	• aus Bauxit • silberweiß bis grau • leicht • wärmeleitend • dünn auswalzbar • empfindlich gegen scharfe Gegenstände • bei Lufteinwirkung Oxidschicht (Schutzschicht) • Oberfläche kann elektrolytisch behandelt werden (= Eloxalharter Überzug)
Verwendung	Armaturen, Wasserkessel, Toaster, Grillgeräte usw.	Backformen, Pfannen, Wasserkessel, Ziergegenstände usw.	Kannen, Becher, Krüge, Teller, Ziergegenstände usw.	Möbelbeschläge, Ziergegenstände, Grundmaterial für versilbertes Besteck usw.	Grundmaterial für versilberte Bestecke usw.	Ziergegenstände	Töpfe, Pfannen, Campinggeschirr, gewalztes Aluminium für Folien usw.

Name	Arbeitsgeräte	Arbeitsmittel	Regel
Guss-eisen	Spülbürste Topfschwamm	flüssiges Scheuermittel verseifte Stahlwolle	Gründlich nachspülen, gut trocknen! Vorsicht, Bruchgefahr!
Weißblech Alu-minium	Spülbürste Holzspieß	flüssiges Scheuermittel	Vor Kratzern schützen!
Schwarz-blech	Spülbürste Holzspieß	flüssiges Scheuermittel verseifte Stahlwolle	Gründlich nachspülen – gut trocknen!
Edelstahl	Spülbürste Holzspieß	Edelstahlreinigungs- und -pflegemittel	Vor Kratzern schützen – sofort trocknen!
Kupfer / Messing	Putztuch Holzspieß	Metallpflegemittel	Vor Kratzern schützen – polieren!
Zinn	Putztuch Holzspieß	Zinnpflegemittel (Zinnkraut)	Vor Kratzern schützen!
Gold / Silber	Putztuch Wattestäbchen	Gold- und Silberputzmittel	Vor Kratzern schützen – polieren!

Hinweise

- Gegenstände, die mit Lebensmitteln in Berührung kommen, müssen gründlich nachgespült werden (Entfernung von Reinigungsmittelresten)!

- Keine kratzenden Reinigungs- und Pflegemittel verwenden!

- Keine kratzenden Arbeitsgeräte verwenden!

Spülbecken mit heißem Wasser	Spülmittel	Abtropfkorb Gitterkorb	Spültuch Spüllappen	Spülbürste Geschirrbürste	verseifte Stahlwolle	Scheuermittel (flüssig)	Spültuch (feucht)

Arbeitsgang

Begründung

 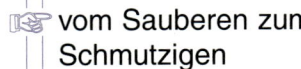 **siehe Seite 24/25 Geschirrspülen von Hand**

- Arbeitsplatz vorbereiten

- Gegenstände sortieren

- stark verschmutzte Gegenstände kurz einweichen

☞ vom Sauberen zum Schmutzigen

H
- Spülbecken mit heißem Wasser füllen

- Gegenstände in heißer Spülmittellösung gründlich reinigen

- nachspülen

- gründlich trocknen

Bei besonderer Verschmutzung

- auf feuchtes Spültuch flüssiges Scheuermittel geben

☞ Kratzer vermeiden

- Gegenstand nass machen

- Gegenstand gründlich kreisförmig scheuern

☞ gleichmäßige Reinigung

- Flecken mit nasser, verseifter Stahlwolle behandeln

- feuchtes Spültuch als Unterlage verwenden

☞ rutschfestes Arbeiten

- Vorder- und Rückseite behandeln

- mit klarem Wasser nachspülen

- sofort gut trocknen

☞ Rostgefahr

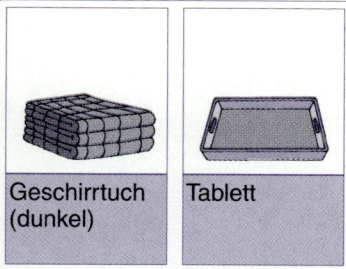

Geschirrtuch (dunkel)   Tablett

Arbeitsgang

 siehe Seite 24/25 Geschirrspülen von Hand

- Tücher auswaschen und aufhängen

- verseifte Stahlwolle luftig aufbewahren oder in den Abfalleimer geben

- Arbeitsmittel und -geräte materialgerecht reinigen und aufräumen

- Fußboden trocken und unfallsicher hinterlassen

Begründung

☞ Hygiene

☞ Rostgefahr

☞ Ordnung

☞ Unfallverhütung

Hinweise

- Zum Abtrocknen dunkle Geschirrtücher verwenden!

- Gegenstände aus Gusseisen nur in völlig trockenem Zustand wegräumen!

- Sind an den Gegenständen andere Materialien verarbeitet, diese materialgerecht reinigen und pflegen!

- Gegenstände aus Gusseisen vorsichtig behandeln!

- Geräte aus Gusseisen können Überzüge aus
  – Email
  – Farbe
  – Kunststoff haben.
  Dadurch erhalten sie eine glatte Oberfläche und sind vor Rost geschützt.

- Gegenstände mit Kunststoffbeschichtung (z. B. Teflon) nicht mit scharfen Gegenständen bearbeiten.

Begründung

☞ Rostgefahr

☞ Materialschonung

☞ Bruchgefahr

☞ Oberfläche wird beschädigt – Gesundheitsschäden

Metalle
Reinigung und Pflege

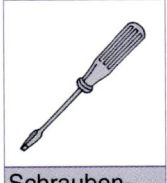					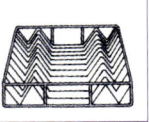		
Schrauben-dreher	Ordnungs-schale	Spülbecken mit heißem Wasser	Spülmittel	Scheuermittel (flüssig)	Spültuch Spüllappen	Abtropfkorb Gitterkorb	Geschirrtuch (hell)

Arbeitsgang	**Begründung**
siehe Seite 24/25 Geschirrspülen von Hand	
• abschraubbare Griffe und Stiele abschrauben (nach links drehen) – nur bei gründlicher Reinigung!	☞ rationelles Arbeiten
• in Ordnungsschale geben	
• alle Arbeitsmittel und Arbeitsgeräte bereitstellen	
• Gegenstände spülen	
• Töpfe nach Bedarf mit Topfschwamm reinigen, evtl. angebrannte Stellen mit Wasser und Spülmittel auskochen	☞ Schmutz lösen
• Topf- und Pfannenböden innen und außen nach Bedarf mit flüssigem Scheuermittel kreisförmig reiben (feuchtes Spültuch als Unterlage)	☞ gleichmäßige Ausnutzung der Kraft
• nachspülen	
• abtropfen lassen	
• Griffe, Stiele und Schrauben spülen – nachspülen – trocknen – Schrauben in Schälchen legen	☞ schnelle und gründliche Reinigung
• stark verschmutzte Gegenstände einweichen	☞ vom Sauberen zum Schmutzigen
• Gegenstände je nach Verschmutzungsgrad reinigen	☞ materialgerechte Reinigung
• Stahlpflegemittel auf feuchtes Spültuch geben	☞ gleichmäßige Reinigung
• Bewegungen zur Reinigung der Grundform des zu reinigenden Gegenstandes anpassen	
• Ecken, Kanten und Löcher mit Bürste und Holzspieß reinigen	
• Gegenstände auf fester Unterlage reinigen	☞ Rutschgefahr
• bei Gabeln besonders auf Zwischenräume achten	☞ Hygiene

	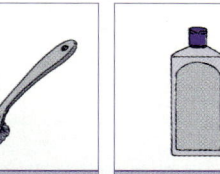				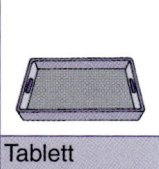	
Geschirrtuch (dunkel)	Spülbürste Geschirrbürste	Edelstahl-reinigungs- u. -pflegemittel	Spültuch (feucht)	Topfschwamm	Holzspieß	Tablett

Arbeitsgang	**Begründung**
• gründlich nachspülen, abtropfen lassen	☞ Hygiene
• mit Trockentuch (dunkel) sorgfältig abtrocknen	
• Griffe und Stiele evtl. wieder befestigen (nach rechts drehen)	☞ Funktion
• Geschirr wegräumen (aufräumen)	☞ Ordnung
• Arbeitsmittel und -geräte materialgerecht reinigen und aufräumen	☞ Ordnung

Besonderheiten bei der Reinigung des Dampfdrucktopfes
(Schnellkochtopfes)

• Reinigung wie Töpfe – hier Herstellerhinweise beachten	☞ materialgerechte Reinigung

Zusätzlich ist zu beachten

• Gummiring herausnehmen	
• Ventil evtl. herausnehmen (Ventil nach Bedienungsanleitung auseinanderschrauben, Teile in Ordnungsschale legen)	☞ Funktion
• Gummiring und zerlegte Ventilteile gründlich mit Bürste reinigen, nachspülen	☞ Hygiene
• gründlich trocknen	
• Ventil nach Bedienungsanleitung wieder zusammensetzen	☞ Unfallverhütung
• zuerst Griffe und Schrauben, dann Einsätze in Spülmittellösung reinigen	☞ Grundreinigung
• alle trockenen Teile wieder am Dampfdrucktopf und Deckel befestigen und einsetzen	
• Topf zum Austrocknen offen lassen	☞ Restfeuchte

Metalle
Reinigung und Pflege

					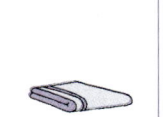	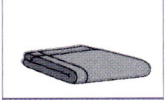	Holzspieß Abfalleimer Essig
Spülmittel	Bürste (weich)	Putztuch Putzlappen	Edelstahl-reinigungs- u. -pflegemittel	Geschirrtuch (dunkel)	Spültuch Spüllappen	Boden-putztuch Aufnehmer	

Arbeitsgang	**Begründung**
• Arbeitsmittel und -geräte bereitstellen	☞ rationelles Arbeiten
• Speisereste aus den Abflusssieben entfernen	☞ Abfluss freihalten
• heißes Spülwasser ins rechte Spülbecken einlassen	
• Wasserhahn, Stöpsel, Kettchen, Überläufe, äußeren Rand des Spülbeckens, Abtropffläche, linkes Spülbecken, Abflusssiebe abwischen	
• Edelstahlreinigungs- und -pflegemittel auf feuchtes Putztuch geben	☞ gründliche Reinigung
• alle Teile in obengenannter Reihenfolge abreiben	☞ rationelles Arbeiten
• Rillen, Kerben, Löcher mit Bürste und Holzspieß reinigen	☞ Hygiene
• Wasser des rechten Spülbeckens ablassen, mit Edelstahl-reinigungs- und -pflegemittel gründlich abreiben	☞ Hygiene
• kurz mit heißem Wasser abspülen	
• alle gereinigten Teile nachspülen – Reinigungsmittelrück-stände unter fließendem Wasser entfernen	☞ Streifenbildung vermeiden
• gesamte Spüle mit Armaturen gründlich trocknen	☞ Glanzbildung
siehe Seite 24/25 Geschirrspülen von Hand	
• Arbeitsmittel und -geräte materialgerecht reinigen und aufräumen	☞ Ordnung
• nasse Möbel und Fußboden gründlich trocknen und unfallsicher hinterlassen	☞ Unfallverhütung

Weißblech – Schwarzblech – Aluminium
(z. B. Kuchenbleche, Kochgeschirre, Kuchenformen)

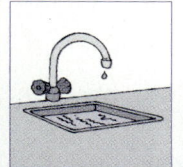		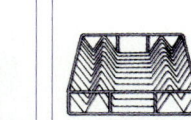	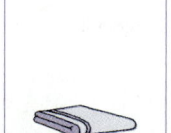				Tablett verseifte Stahlwolle Holzspieß Neutral- reiniger Boden- putztuch
Spülbecken mit heißem Wasser	Spülmittel	Abtropfkorb Gitterkorb	Spültuch Spüllappen	Spülbürste Geschirrbürste	Geschirrtuch (dunkel)	Spültuch (feucht)	

Arbeitsgang

 siehe Seite 24/25 Geschirrspülen von Hand

- Gegenstände nach Verschmutzungsgrad sortieren

H
- Gegenstände in Spülmittellösung reinigen
- bürsten
- rechts von der Spüle auf feuchtes Tuch legen
- nassen Gegenstand zuerst außen, dann innen mit kreisenden Bewegungen gründlich reinigen, bei starker Verschmutzung mit verseifter Stahlwolle reinigen
- Löcher und Kanten mit Spülbürste und Holzspieß säubern
- mit heißem Wasser nachspülen
- gründlich abtrocknen

 siehe Seite 24/25 Geschirrspülen von Hand

- Arbeitsmittel und -geräte materialgerecht reinigen und aufräumen
- Fußboden trocken und unfallsicher hinterlassen
- verseifte Stahlwolle luftig aufbewahren oder in den Abfall geben

Begründung

☞ vom Sauberen zum Schmutzigen

☞ rutschfest, Untergrund wird geschont

☞ vom Sauberen zum Schmutzigen

☞ Hygiene

☞ Streifenbildung vermeiden

☞ Ordnung

☞ Unfallverhütung

☞ Rostgefahr

Hinweis

- Zum Abtrocknen dunkle Geschirrtücher verwenden!

Metalle
Reinigung und Pflege

Gegenstände mit Emailüberzug
(z. B. Töpfe, Schüsseln, Backformen)

		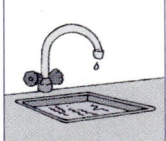	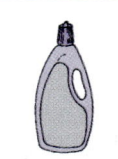				
Schrauben-dreher	Ordnungs-schale	Spülbecken mit heißem Wasser	Spülmittel	Abtropfkorb Gitterkorb	Spültuch Spüllappen	Geschirrtuch (hell)	Geschirrtuch (dunkel)

Arbeitsgang	**Begründung**
siehe Seite 24/25 Geschirrspülen von Hand	
• alle Arbeitsmittel und -geräte bereitstellen	
• abschraubbare Griffe usw. lösen (nach links drehen) – Grundreinigung	☞ rationelles Arbeiten
• Teile in Ordnungsschale geben	
• stark verschmutzte Gegenstände einweichen – (notfalls auskochen)	☞ Schmutz lösen
H • Gegenstände in Spülmittellösung spülen	
• Griffe, Schrauben usw. reinigen, nachspülen, abtrocknen, in Schälchen zurücklegen	☞ gründliche Reinigung
• nasse Gegenstände rechts der Spüle auf feuchtes Tuch legen	☞ Rutschgefahr
• Gegenstände je nach Verschmutzungsgrad reinigen	☞ vom Sauberen zum Schmutzigen
• bei Bedarf flüssiges Scheuermittel und Topfschwamm zur Reinigung verwenden	☞ Kratzer vermeiden
• Bewegungen zur Reinigung der Grundform des zu reinigenden Gegenstandes anpassen (bei Schüsseln kreisförmig)	☞ gleichmäßige Reinigung
• Ecken, Kanten und Löcher mit Bürste und Holzspieß reinigen	☞ Hygiene
• gründlich nachspülen und gut trocknen	☞ Streifenbildung vermeiden
• alle abgeschraubten Teile wieder befestigen (nach rechts drehen)	☞ Funktion

Gegenstände mit Emailüberzug

 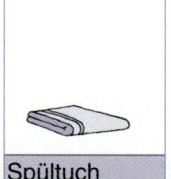   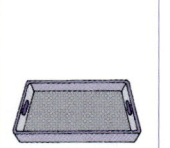 

| Spülbürste Geschirrbürste | Spültuch (feucht) | Topfschwamm | Scheuermittel (flüssig) | Tablett | Holzspieß |

Arbeitsgang

Begründung

 ● Arbeitsmittel und -geräte materialgerecht reinigen und aufräumen

☞ Ordnung

Hinweise

Begründung

● Emailüberzug ist eine glasartige Masse. Sie wird meist in zwei Schichten auf den Stahl aufgeschmolzen!

● Durch Zusatz von Farbstoffen entstehen farbige Überzüge oder Muster!

● An den Kanten, Deckel- und Schütträndern springt Email oft ab. Diese Stellen werden bei guter Verarbeitung verchromt. Verchromte Ränder müssen fugenlos sein, damit sich keine Speisereste zwischen Topfrand und Chromrand festsetzen können!

● Gegenstände auf fester Unterlage reinigen!

☞ gleichmäßige Ausnutzung der Kraft

● Gegenstände vor Stoß und Fall schützen – Email springt ab! **Angeschlagene Überzüge können die Gesundheit gefährden!**

● Bei abgeplatzten Stellen am inneren Topfboden können die Speisen leicht anbrennen!

☞ Beeinträchtigung von Aussehen und Funktion

● Kratzer vermeiden, da sonst Rost entstehen und sich Schmutz festsetzen kann!

☞ Rostgefahr

● Emailüberzüge können in der Geschirrspülmaschine den Glanz verlieren!

☞ Aussehen

Metalle
Reinigung und Pflege

Zinn

(z. B. Zierteller, Schüssel, Platten, Krüge)

	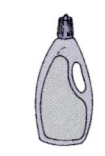			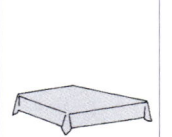		
Spülbecken mit heißem Wasser	Spülmittel	Abtropfkorb Gitterkorb	Spültuch (feucht)	Kunststoff- unterlage Plastikdecke	Zinn- reinigungs- u. -pflegemittel	Geschirrtuch (hell)

Küchentuch
Poliertuch
Holzspieß
Tablett

Arbeitsgang	Begründung

 siehe Seite 24/25 Geschirrspülen von Hand

Arbeitsgang	Begründung
• Gegenstände sortieren	☞ rationelles Arbeiten
• stark verschmutzte Gegenstände einweichen	☞ Schmutz lösen
• Gegenstände in Spülmittellösung reinigen	☞ Schmutz lösen
• nasse Gegenstände rechts der Spüle auf feuchtes Tuch legen	☞ Rutschgefahr, Schonung der Arbeitsfläche
• Gegenstände je nach Verschmutzungsgrad reinigen	☞ vom Sauberen zum Schmutzigen
• Zinnreinigungs- und -pflegemittel auf Küchenkrepp geben und Gegenstände damit gründlich abreiben	☞ Wirkung des Pflegemittels verbessern
• bei Kanten und Ecken Holzspieß verwenden	☞ Hygiene
• Gegenstände so lange nachreiben, bis Küchenkrepp sauber bleibt	
• bei Bedarf mit weichem Poliertuch polieren	☞ Glanz des Gegenstandes erhöhen
• Gegenstände, die mit Lebensmitteln in Berührung kommen, müssen nachgespült und gut getrocknet werden (Entfernung der Reinigungsmittelreste)	☞ Hygiene

 siehe Seite 24/25 Geschirrspülen von Hand

Arbeitsgang	Begründung
• Arbeitsmittel und -geräte materialgerecht reinigen und aufräumen	☞ Ordnung
• benutztes Küchenkrepp zum Altpapier geben	☞ Umweltschutz

Hinweis

• Anstelle von Küchenkrepp können alte weiche Putztücher verwendet werden!

Messing- und Kupfergegenstände

(z. B. Schalen, Kerzenständer)

		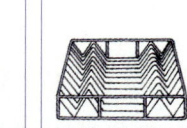	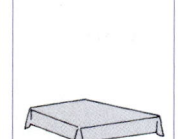			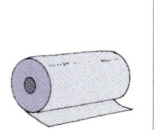	
Spülbecken mit heißem Wasser	Spülmittel	Abtropfkorb Gitterkorb	Kunststoff-unterlage Plastikdecke	Spezial-reinigungs- u. -pflegemittel	Poliertuch Polierlappen (weich)	Küchenkrepp Küchenrolle	Holzspieß

Arbeitsgang	**Begründung**
siehe Seite 24/25 Geschirrspülen von Hand	
• Wachsreste mit heißem Wasser ablösen und entfernen	☞ Arbeitserleichterung
• spülen mit Spülmittellösung	
• nachspülen	
• trocknen	
• Arbeitsfläche mit Unterlage abdecken	☞ Schonung der Arbeitsfläche
H • Messing- und Kupfergegenstände auf Unterlage reinigen	
• Gegenstände gründlich abreiben, Flecken sollen verschwinden	☞ gleichmäßige Reinigung
• Rillen und Kerben mit Holzspieß reinigen	☞ Hygiene
• Gegenstände gründlich mit Küchenkrepp nachreiben	
• bei Bedarf mit weichem Poliertuch polieren	☞ den Glanz des Gegenstandes erhöhen
• Gegenstände, die direkt mit Lebensmitteln in Berührung kommen, müssen nachgespült und gut nachgetrocknet werden (Entfernung von Reinigungsmittelresten) (z. B. Flambiergeschirr)	☞ Hygiene
siehe Seite 24/25 Geschirrspülen von Hand	
• Arbeitsmittel und -geräte materialgerecht reinigen und aufräumen	☞ Ordnung
• benutztes Papier zum Altpapier geben	☞ Umweltschutz

Hinweis

• Anstelle von Küchenkrepp können alte weiche Putztücher verwendet werden!

Metalle
Reinigung und Pflege

Gold- und Silbergegenstände (z. B. Bestecke, Schmuck, Platten, Ziergegenstände, versilberte und vergoldete Gegenstände)

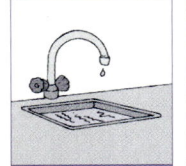	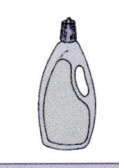			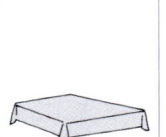			
Spülbecken mit heißem Wasser	Spülmittel	Abtropfkorb Gitterkorb	Spültuch (feucht)	Kunststoff-unterlage Plastikdecke	Geschirrtuch (hell)	Geschirrtuch (dunkel)	Gold- u. Silber-reinigungs- u. -pflegemittel

Arbeitsgang	**Begründung**
V siehe Seite 24/25 Geschirrspülen von Hand	
• alle Arbeitsmittel und -geräte vorbereiten	☞ rationelles Arbeiten
• Gegenstände einzeln in heißer Spülmittellösung reinigen	☞ Gegenstände müssen warm werden
• nachspülen	
• abtrocknen	
• auf Kunststoffunterlage legen	☞ Schonung des Untergrundes
H • Gegenstände im warmen Zustand mit Reinigungs- und Pflegemitteln nach Gebrauchsanweisung reinigen und nachbehandeln	☞ Wirkung des Reinigungsmittels verbessern
• Gegenstände, die mit Lebensmitteln in Berührung kommen, heiß nachspülen und abtrocknen	☞ Hygiene
• mit Küchenkrepp gründlich nachreiben	
N siehe Seite 24/25 Geschirrspülen von Hand	
• alle Gegenstände sauber und ordentlich auf ein Tuch legen	☞ Flecken und Kratzer vermeiden
• alle Arbeitsmittel und -geräte materialgerecht reinigen und aufräumen	☞ Ordnung

Hinweis

• Durch die Hartversilberung (Patentversilberung) erhalten versilberte Bestecke eine längere Lebensdauer. Spitze und die zwei Auflagestellen sind verstärkt versilbert!

Beispiel: Löffel

Stark beansprucht: Spitze des Löffels

Stark beansprucht: Aufliegefläche der Laffe

Stark beansprucht: Aufliegefläche des Stiels

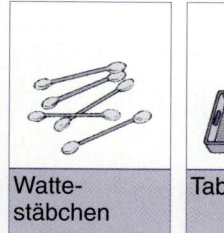

Watte-stäbchen	Tablett

Hinweise

Begründung

- **Silbertauchbad (heiß wirkend)** lässt sich selbst herstellen:
  - Plastikschüssel mit Aluminiumfolie auslegen,
  - Besteck darauf verteilen,
  - jedes Teil muss die Alufolie berühren und
  - kochende Soda- oder Kochsalzlösung (2 EL Soda oder Salz auf 1 l Wasser) darübergießen!
    (Besteck eingetaucht lassen, bis die Verschmutzungen verschwunden sind!)

☞ Umweltschutz

- Zwischenräume (z. B. Rillen, Gabelzinken) besonders gründlich reinigen, evtl. mit weicher Bürste oder Wattestäbchen!

☞ Hygiene

- Oxidverzierungen nicht wegputzen!

☞ Wertminderung, Aussehen

- Gegenstände, die mit Nahrungsmitteln in Berührung kommen, müssen nachgespült werden (Entfernung von Reinigungsmittelresten)!

☞ Hygiene

- Kettchen aus Gold und Silber können im Tauchbad gereinigt werden, müssen aber gründlich nachgespült und getrocknet werden!

☞ Vorsicht, giftige Dämpfe!

- Schmuck und Ziergegenstände können auch in einem selbst hergestellten Bad aus heißer Seifenlösung mit Salmiakgeist gereinigt werden!

☞ Umweltschutz

- Messerschneiden dürfen nicht in das Tauchbad!

- Schmuck mit Steinen usw. ist für das Tauchbad nicht geeignet!

- Gold- und Silberreinigungstücher sind auch eine Reinigungsmöglichkeit! (Herstellerhinweise beachten!)

- Mattgold kann durch Einlegen in Spiritus gereinigt werden!

☞ Umweltschutz

- Bei Spezialreinigungsmitteln Herstellerhinweise beachten!

☞ Materialschonung

- Silberbestecke mit einem Spezialtuch bedeckt aufbewahren!

☞ Verbesserung des Anlaufschutzes

Holz
Übersicht

Holz			

Herkunft	europäische Hölzer		außereuropäische Hölzer

Arten	Hartholz	Weichholz	
	Ahorn, Buche Kirschbaum, Birke Eiche usw.	Kiefer, Fichte Lärche, Linde usw.	Hemlock, Teak, Mahagoni Ebenholz, Palisander usw.

Oberflächenbehandlung	**Art der Behandlung**	**Eigenschaften**	**Verwendung**	**Reinigung**
Rohholz	unbehandelt „naturbelassen"	empfindlich gegen • Feuchtigkeit • Farbe • Hitze • Geruch	Küchenbretter Nudelhölzer Fußböden Wandverkleidung	– Küchenbretter mit Scheuer- pulver und Bürste reinigen – abspülen – an der Luft trocknen lassen – Flecken mit Schmirgelpapier abschleifen
– lackiert	Lackauftrag: – farblos – durchscheinend – farbig lackiert und poliert – Holzporen werden nicht ausgefüllt	empfindlich gegen • Kratzer • Hitze • Wasser (teilweise)	poliert z. B. Klaviere, Möbel	
– mattiert	Überzugsmittel verleihen Holz eine mattglänzende Oberfläche – Holzporen werden nicht ausgefüllt	empfindlich gegen • Kratzer • Hitze • Wasser (teilweise)	Türen Möbel Verkleidungen usw.	– Möbel abstauben – nach Bedarf mit Möbelpflegemittel behandeln

Oberflä-chenbe-handlung	Art der Behandlung	Eigen-schaften	Verwendung	Reinigung
– lasiert (impräg-niert lasiert)	Auftragen von Kunstharzlösungen (ölhaltig) dringen in Holz ein – Holzporen werden nicht ausgefüllt – Schutz vor Feuchtigkeit	empfindlich gegen ● Kratzer ● Hitze	Außentüren Fensterrahmen usw.	– mit Reinigungs-mittellösung
– geölt / gewachst	Auftragen und Ein-reiben von Ölen oder Wachsen – bilden dünne Schutzschicht	empfindlich gegen ● Hitze ● teilweise Feuchtigkeit	Möbel Böden Treppen usw.	– trocken entstauben – ein- bis zweimal im Jahr dünn mit Spezialöl behandeln – nach Bedarf wachsen
– über-zogen mit Schicht-stoff-platten	gleichmäßig geschichtete Cellulosebahnen werden mit Kunstharzen getränkt, verschweißt und aufgeleimt (z. B. Resopal Ultrapas)	empfindlich gegen ● Flecken ● Kratzer ● Feuchtigkeit	Küchenmöbel Gartenmöbel preiswerte Möbel usw.	– mit Reinigungs-mittellösung
– über-zogen mit Folien	PVC-Folien werden auf Trägerplatten aufgeschweißt	empfindlich gegen ● Flecken ● Feuchtigkeit	im Handel z. B. „Nachbildung Eiche"	– mit milder Reinigungs-mittellösung

Holz
Reinigung und Pflege

Oberfläche	Arbeitsgeräte	Arbeitsmittel	Regel
Rohholz	Wurzelbürste	Scheuerpulver Schmirgelpapier	Kalt nachspülen!
lackiertes Holz und kunststoffbeschichtetes Holz	Putztuch Trockentuch	milde Reinigungslösung oder Neutralreiniger	Oberfläche schonen! Nicht scheuern!
versiegeltes Holz (Fußböden)	Besen Handbesen Kehrschaufel Schrubber Bodenputztuch	Neutralreiniger	Nicht zu nass arbeiten!
poliertes Holz (siehe Seite 67)	Staubtuch Pinsel Poliertuch	Möbel-Reinigungs- und -pflegemittel	Maserung beachten! Nicht nass arbeiten!

Holz
Reinigung und Pflege

Korbwaren
(Besonderheiten)

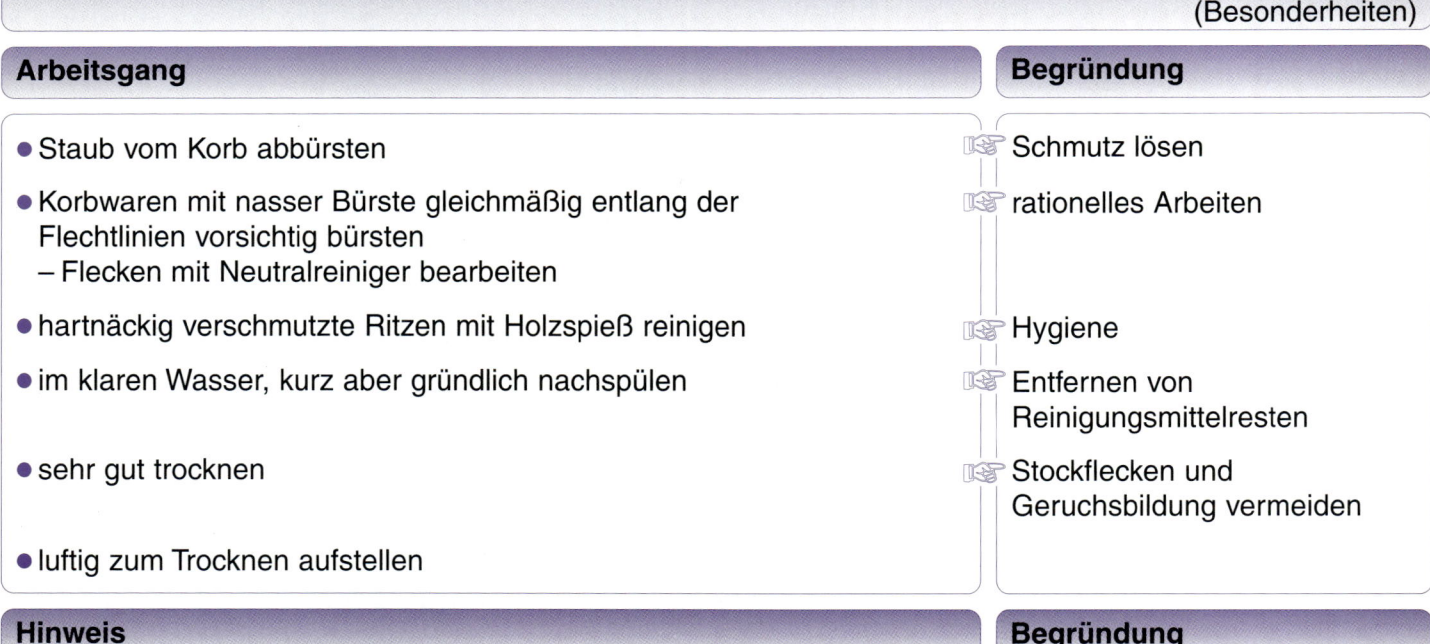

Arbeitsgang	Begründung
● Staub vom Korb abbürsten	☞ Schmutz lösen
● Korbwaren mit nasser Bürste gleichmäßig entlang der Flechtlinien vorsichtig bürsten – Flecken mit Neutralreiniger bearbeiten	☞ rationelles Arbeiten
● hartnäckig verschmutzte Ritzen mit Holzspieß reinigen	☞ Hygiene
● im klaren Wasser, kurz aber gründlich nachspülen	☞ Entfernen von Reinigungsmittelresten
● sehr gut trocknen	☞ Stockflecken und Geruchsbildung vermeiden
● luftig zum Trocknen aufstellen	

Hinweis	Begründung
● Korbwaren nicht ins Wasser legen und nicht auf der Heizung oder in der Sonne trocknen!	☞ Materialschonung

Rohholzgeräte

(z. B. Bretter, Kochlöffel, Nudelholz)

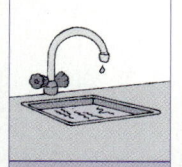		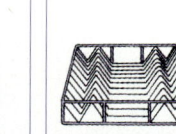			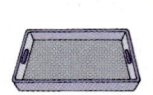		
Spülbecken mit heißem Wasser	Spülmittel	Abtropfkorb Gitterkorb	Spültuch (feucht)	Kunststoff-unterlage Plastikdecke	Tablett	Wurzelbürste	Scheuer-pulver

Arbeitsgang

 siehe Seite 24/25 Geschirrspülen von Hand

- Arbeitsmittel und -geräte bereitstellen

- Gegenstände einzeln kurz in Spülmittellösung spülen und nass auf feuchtes Tuch legen

- Scheuerpulver direkt auf den feuchten Gegenstand streuen

- mit der Scheuerbürste in Faserrichtung bürsten ohne zu stark aufzurauhen

- gereinigten Gegenstand mit sauberer Bürste in klarem, heißem Wasser kurz, aber gründlich nachbürsten und kurz unter fließendem Wasser nachspülen

- abtrocknen und luftig trocknen lassen – erst dann wieder einräumen

 siehe Seite 24/25 Geschirrspülen von Hand

- Arbeitsmittel und -geräte materialgerecht reinigen und aufräumen

- Fußboden trocken und unfallsicher hinterlassen

Begründung

☞ rationelles Arbeiten

☞ Gegenstände müssen zur Reinigung feucht, aber nicht aufgequollen sein

☞ Wirkung des Reinigungsmittels verbessern

☞ gründliche Reinigung und Pflege

☞ Reinigungsmittelreste entfernen; Holzfasern ziehen sich wieder zusammen

☞ feuchtes Holz bekommt Stockflecken; Geruchsbildung vermeiden

☞ Ordnung

☞ Unfallverhütung

Hinweise

- Nur bei Rohholz Scheuerpulver verwenden und dieses direkt auf den Gegenstand geben um das Material zu schonen!

- Nudelhölzer nicht ins Wasser legen, um die Kugellager zu schonen!

- Holz nie auf Heizung oder bei direkter Sonnenbestrahlung trocknen lassen! Holz springt und verformt sich!

- Flecken auf Rohholz in trockenem Zustand mit Schmirgelpapier (Sandpapier) entfernen!

Kunststoff-unterlage Plastikdecke	Eimer (klein)	Neutral-reiniger	Arbeitshocker	Staubtuch Staublappen	Putztuch Putzlappen	Trockentuch (dunkel)	Holzspieß

Arbeitsgang	**Begründung**
• Arbeitsmittel und -geräte bereitstellen	☞ rationelles Arbeiten
• Eimer mit milder Reinigungsmittellösung auf abgedeckten Hocker stellen	
• Tür öffnen	☞ Türfalz muss ebenfalls gereinigt werden
 • Türrahmen und Tür von oben nach unten abstauben	☞ rationelles Arbeiten
• Außenseite auf gleiche Weise abstauben	
• Beschläge, Scharniere und Türgriffe abstauben	
• Türrahmen von rechts unten nach oben, einschließlich oberes Querteil mit Reinigungsmittellösung reinigen	
• Tür innen und außen von oben nach unten in Wellenform mit Reinigungsmittellösung reinigen (siehe unten)	☞ Streifenbildung vermeiden
• anschließend alle Teile von oben nach unten mit klarem, warmen Wasser nachwischen	☞ Entfernung von Reinigungs-mittelrückständen
• von oben nach unten alle Teile trocknen	
• Scharniere, Beschläge, Türgriffe materialgerecht reinigen und polieren (Beispiel: Messingbeschläge mit Messingpflegemittel)	☞ materialgerechte Reinigung und Pflege
• hartnäckig verschmutzte Ritzen mit Holzspieß reinigen	☞ Hygiene

Die wellenförmige Bewegung ist die günstigere und rationellere Arbeitsmethode.

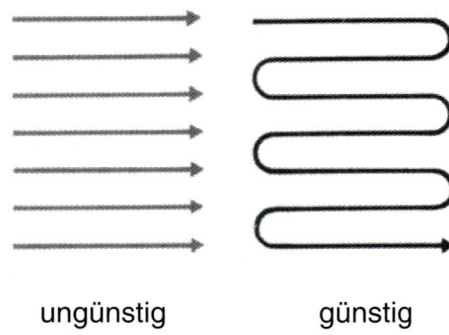

ungünstig   günstig

Sicherheits-
leiter

Boden-
putztuch
Aufnehmer

Arbeitsgang | Begründung

- Arbeitsmittel und -geräte materialgerecht reinigen und aufräumen

  ☞ Ordnung

- Fußboden reinigen, trocken und unfallsicher hinterlassen

  ☞ Unfallverhütung

Hinweise | Begründung

- Lasierte und kunststoffbeschichtete Türen werden ebenso gereinigt!

  ☞ materialgerechte Reinigung

- Bei sehr empfindlichen Türen (z. B. Mattlack) von unten nach oben abschnittsweise reinigen!

  ☞ Streifenbildung verhindern

- Das früher übliche Vorgehen – von unten nach oben zu reinigen – ist nicht mehr zweckmäßig! Die heute verwendeten Lacke sind gegen Reinigungsmittel nicht mehr so empfindlich. Streifenbildung ist weniger zu befürchten!

  ☞ rationelles Arbeiten

- Besonders auf Unfallverhütung achten!

- Gebrauchsanweisung des Pflegemittels beachten!

- Bei der Reinigung von Flächen in wellenförmigen Bewegungen arbeiten!

  ☞ gleichmäßige Reinigung

- Zur Fleckenentfernung Mittel direkt auf den Lappen geben und reiben!

- Keine kratzenden Reinigungsmittel und -geräte verwenden!

Holz
Reinigung und Pflege

Polierte Möbel
(z. B. Klaviere, Möbel usw.)

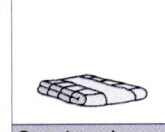		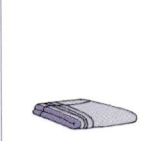				
Staubtuch Staublappen	Staubpinsel Staubwedel	Putztuch Putzlappen	Poliertuch Polierlappen (weich)	Möbel- reinigungs- u. -pflegemittel	Tablett	Abstellfläche

Arbeitsgang | Begründung

- Arbeitsmittel und -geräte bereitstellen — ☞ rationelles Arbeiten

- Möbel aus- bzw. abräumen und Gegenstände reinigen — ☞ Arbeitserleichterung

- Möbel abstauben:
  von innen nach außen, von oben nach unten — ☞ rationelles Arbeiten

- Schnitzereien und Verzierungen mit weichem Pinsel abstauben

- Scharniere abstauben bzw. abpinseln

- Metallteile entsprechend reinigen und pflegen — ☞ materialgerechte Reinigung und Pflege

- Möbelreinigungs- und -pflegemittel direkt auf weiches Putztuch geben

- Möbel nach Maserung von innen nach außen und von oben nach unten gründlich dünn einreiben — ☞ gleichmäßiges Verteilen des Mittels

- in gleicher Reihenfolge mit Poliertuch gleichmäßig — ☞ Streifenbildung vermeiden

- nachpolieren — ☞ erhöht den Glanz

- Möbel wieder zurecht stellen — ☞ Ordnung

- Arbeitsmittel und -geräte materialgerecht reinigen und aufräumen — ☞ Ordnung

- Fußboden unfallsicher hinterlassen — ☞ Unfallverhütung

Hinweise

- Polierte Möbel sind besonders empfindlich – daher weiche und saubere Staublappen verwenden!

- Staubtuch so zusammenlegen, dass eine Ecke entsteht, um leichter in die Winkel und Ecken zu kommen!

- Ist die Wischfläche des Tuches verschmutzt, Tuch anders zusammenlegen!

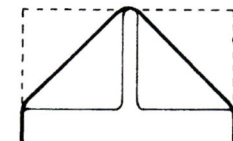 

Rückseite des Keils

| 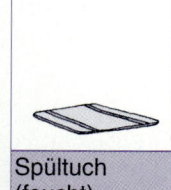Spültuch (feucht) | Eimer (klein) | Neutral-reiniger | Putztuch Putzlappen | Trockentuch (dunkel) | 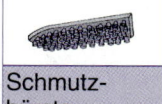Schmutz-bürste | Holzspieß | Abfalleimer Arbeitshocker Abstellfläche Boden-putztuch |

Arbeitsgang | Begründung

V
- Arbeitsmittel und -geräte bereitstellen — ☞ rationelles Arbeiten

H
- Tischplatte abdecken — ☞ Materialschonung
- Stuhl mit der Sitzfläche auf den Tisch geben
- Eimer mit Reinigungsmittellösung auf den Arbeitshocker stellen — ☞ Arbeitshaltung
- Stuhl leicht kippen und Stuhlbeine über Abfalleimer abbürsten, reinigen und trocknen — ☞ rationelles Arbeiten
- Stuhl vom Tisch heben, umdrehen
- Stuhllehne und Sitzfläche materialgerecht reinigen
- Unterlage auf den Fußboden legen, Tisch darauf umdrehen
- Tischbeine über Abfalleimer abbürsten, reinigen und trocknen — ☞ Wasserränder vermeiden
- Tischrahmen und Tischplattenseite innen reinigen und trocknen
- Ecken bei Bedarf mit Holzspieß reinigen — ☞ Hygiene
- Tisch wieder umdrehen
- Tischoberfläche reinigen, mit klarem Wasser nachwischen und trocknen — ☞ Hygiene

N
- Arbeitsmittel und -geräte materialgerecht reinigen und aufräumen — ☞ Ordnung
- Arbeitsplatz trocken und unfallsicher hinterlassen — ☞ Unfallverhütung

Hinweis | Begründung

- Stühle und Tische aus anderen Materialien entsprechend reinigen! — ☞ materialgerechte Pflege

Leder
Übersicht

Leder

Herkunft → Häute und Felle verschiedener Tiere: z. B. Rind, Kalb, Ziege (Chevreau), Schaf, Lamm, Schwein (Porc), Hirsch, Elch, Rentier

Oberflächenbeschaffenheit →

Glattleder	Rauhleder	Kunststoff beschichtetes Leder
• Oberleder mit glatter Oberfläche z. B. Rindbox – kräftiges Leder • Nappa – Volleder mit natürlicher Narbung • Glacé – weich, schmiegsam • Lackleder – stark glänzend	• angeschliffene Oberfläche z. B. Wildleder • Veloursleder – auf Fleischseite geschliffen • Nubukleder – auf Narbenseite geschliffen	• spezielle Oberflächenbehandlung mit PVC oder PUR

Gerbverfahren →

Loh- oder Rotgerberei	Fett- oder Sämischgerberei	Mineral- oder Chromgerberei

aus →

Rinds-, Pferde-, Schweinshäuten	Reh-, Rentier-, Gemsenhäuten	Kalbs-, Ziegen-, Lammhäuten

für →

Schuhe, Mappen, Taschen, Sohlen	Wild- und Waschleder, Schuhe, Handschuhe, Lederbekleidung, Fensterleder	Taschen, Gürtel, Schuhe, Glacé- oder Nappalederhandschuhe

Eigenschaften →

• zäh • haltbar • derb • wasserdicht	• weich • zart • waschbar	• weich • schmiegsam

Verwendung → z. B. Schuhe, Koffer, Taschen, Handschuhe, Oberbekleidung, Polsterbezüge

Reinigungs- und Pflegemittel

- Das Angebot ist für den Verbraucher fast nicht zu durchschauen.

- Die Reinigungs- und Pflegemittel ändern sich häufig, auch bedingt durch neue Lederarten.

Die wichtigsten Gruppen sind

Schuhcreme	Emulsions- ware	Aerosol- produkte	Imprägnier- mittel	Fett Fettwachse Glanzfette

• verschiedene Wachse
 	
• Terpentinöl
 	
• Farbstoff
  – bleibt auf der Oberfläche
  – gibt kurzzeitig Glanz
  – soll nur bei gedeckt gefärbten Schuhen verwendet werden
	• Wachs und Lösungsmittel
	
	• Wasser oder Emulgator
	
	• evtl. Farbstoff
	
	• Silicon
	  – flüssig oder als Paste
	  – für Glattleder
		• Silicon
		  – Silicon ist wasser- abstoßend
		
		• Fluorchemikalien
		  – wachs- und fettfrei pflegend
		  – Fluor- chemikalien sind wasser- und fettabweisend
		
		• Produkte besonders zur Reinigung von Rauhleder und Imprägnieren aller Lederarten geeignet
			• Spray nur bei geöffnetem Fenster nach Gebrauchs- anweisung verwenden (Dämpfe)	• fetthaltige Substanzen
				  – dringen ins Leder ein
				  – schützen vor Feuchtigkeit
				  – nur für feste, glatte Lederarten
				  – selten anwenden (Leder darf nicht übersättigt werden)

Leder
Reinigung und Pflege

Reinigung und Pflege allgemein

- vorbeugende Pflege durch Imprägnieren
- vor dem ersten Tragen gründlich im Freien einsprühen. Imprägnierung bewirkt:
  - Nässeflecken wird vorgebeugt
  - Anschmutzung wird reduziert
  - Schmutz lässt sich leichter entfernen
  - Leder bleibt geschmeidig
- Pflegemethode an unsichtbarer Stelle ausprobieren
- feuchte Kleidung auf Bügel bei Raumtemperatur trocknen lassen – nicht der Hitze aussetzen
- vor intensivem Licht schützen
- luftdurchlässig aufbewahren
- als „waschbar" bezeichnete Lederartikel in leichter Schmierseifen- oder Feinwaschmittellösung von Hand durchwaschen; letztes Spülwasser sollte noch etwas Seife enthalten; liegend, in Form gezogen trocknen (nicht in praller Sonne oder in Ofennähe!)
- Reinigungsbetriebe mit RAL-Gütezeichen „Lederreinigung" wählen
- Internationales Lederzeichen beachten: (Gütezeichen „Echt Leder" mit Prüfnummer wird vergeben, wenn bestimmte Messwerte erreicht werden.)

Leder-Gütezeichen

Taschen und Koffer

- Innentaschen leeren
- Innenteile entstauben
- Futter evtl. mit Feinwaschmittelschaum reinigen
- Lederteile mit Emulsionsmittel dünn einreiben, einwirken lassen, polieren
- Metallbeschläge materialgerecht reinigen

Oberbekleidung

- Glattleder mit feuchtem Tuch abwischen oder mit Feinwaschmittelschaum abreiben
- Rauhleder mit Gummibürste entstauben
- Flecken in der chemischen Reinigung entfernen lassen

Handschuhe

- nur waschbare und ungefütterte Handschuhe selbst behandeln

- Handschuhe anziehen, in Feinwaschmittellösung oder Ledershampoolösung bei 30 °C wie beim Händewaschen durchwaschen

- evtl. Glycerin ins letzte Spülbad geben

- Feuchtigkeit ausdrücken

- beim Trocknen spannen

- nach dem Trocknen anziehen und „massieren"

Ledermöbel

- Glattleder mit feuchtem Lappen abreiben

- mit weichem Tuch nachreiben

- Grundreinigung: mit Spezialpflegemittel

- Flecken: sofort mit saugfähigem Tuch trocknen – Fettflecken nicht bearbeiten

- Rauhleder: entstauben mit Staubsauger

- Fettflecken mit Feinwaschmittelschaum abwischen (Leder nicht durchfeuchten!)

- nach dem Trocknen Fleckenstelle vorsichtig aufrauhen

Schuhe

siehe Seite 78 und 79 Reinigung von Schuhen

Einkauf von Lederwaren

- Auf Angaben nach dem Textilkennzeichnungsgesetz achten!

- Auf gute Passform achten!

- Auf Lederwaren von besonders gefährdeten Tieren verzichten (Gefahr des Aussterbens verhindern)!

Leder
Reinigung und Pflege

Glattlederschuhe

				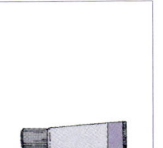		Abfalleimer Wanne mit warmen Wasser Schuhspanner Desinfektions-mittel Trockentuch (dunkel)	Holzspieß Zeitungs-papier
Abstellfläche	Ordnungs-schale	Neutral-reiniger	Schmutz-bürste	Leder-reinigungs- u. -pflegemittel	Putztuch Putzlappen		

Arbeitsgang	Begründung

 V
- Arbeitsmittel und -geräte bereitstellen — 🖝 rationelles Arbeiten
- Arbeitsplatz abdecken — 🖝 Schutzfunktion

 H
- Schuhbänder entfernen, farblich sortiert in Neutral-reinigerlösung einweichen — 🖝 Verfärbung verhindern
- Schuhe mit Schmutzbürste über dem Abfalleimer vorreinigen — 🖝 hartnäckige Verschmutzungen entfernen
- Rillen evtl. mit Holzspieß reinigen
- stark verschmutzte Sohlen mit nasser Bürste über der Wanne reinigen und mit feuchtem Lappen abwischen und trocken reiben — 🖝 nur Sohlen – Schuhe sollen nicht nass werden
- innen nach Bedarf mit Desinfektionsmittel ausspülen — 🖝 Hygiene
- Schuhe auf Schuhspanner geben — 🖝 Formerhaltung
- Schuhbänder auswaschen, nachspülen, in trockenem Tuch ausdrücken, zum Trocknen aufhängen
- Schuhreinigungs- und Pflegemittel passend nach Farbe auswählen — 🖝 materialgerechte Pflege
- gleichmäßig dünn auftragen – Schuhcreme muss einwirken
- Schuhe mit Polierbürste oder Poliertuch polieren

 N
- trockene Schuhbänder in die Schuhe einfädeln — 🖝 Funktion
- Arbeitsmittel und -geräte materialgerecht reinigen und aufräumen — 🖝 Ordnung
- Arbeitsplatz säubern
- Fußboden trocknen und unfallsicher hinterlassen — 🖝 Unfallverhütung

 Abstellfläche	 Ordnungs- schale	 Neutral- reiniger	 Schmutz- bürste	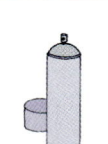 Wildleder- spray	 Wildleder- bürste	Abfalleimer Wanne mit warmen Wasser Schuhspanner Desinfektions- mittel Trockentuch (dunkel)	Holzspieß Zeitungs- papier

Arbeitsgang

- Fenster öffnen
- Arbeitsmittel und -geräte bereitstellen
- Arbeitsplatz abdecken

- Schuhbänder entfernen, farblich sortiert in Neutral- reiniger einweichen
- Schuhe mit Schmutzbürste über dem Abfalleimer vorreinigen, Rillen evtl. mit Holzspieß reinigen
- stark verschmutzte Sohlen mit nasser Bürste über der Wanne reinigen
- Schuhe mit Gummibürste abreiben
- blanke Stellen aufrauhen
- bei Bedarf Schuhe mit feuchtem Lappen abwischen und trocknen
- Schuhe innen nach Bedarf mit Desinfektionsmittel aussprühen, auf Schuhspanner geben
- Schuhbänder auswaschen, nachspülen, in trockenem Tuch ausdrücken, zum Trocknen aufhängen
- Wildlederreinigungs- und -pflegemittel passend nach Farbe auswählen
- Wildlederspray ohne Treibgas wählen
- Wildlederteile nach Gebrauchsanweisung des Pflege- mittels behandeln – evtl. Glattlederteile materialgerecht reinigen – Spray einziehen lassen, Wildleder aufrauhen

 siehe Seite 78 Glattlederschuhe

Begründung

- Spray entwickelt Dämpfe
- rationelles Arbeiten
- Schutzfunktion
- Verfärbung verhindern
- hartnäckige Veschmutzungen entfernen
- nur Sohlen und Glattlederteile feucht behandeln – Schuhe sollen nicht nass werden
- Hygiene
- Formerhaltung
- materialgerechte Reinigung und Pflege
- Umweltschutz

Textile Bodenbeläge und Teppiche
Übersicht

Qualität von Teppichböden

Auf der Unterseite des Teppichbodens können auf einer
Werteskala die typischen Eigenschaften abgelesen werden
– ein Teppichboden ist umso strapazierfähiger, je mehr
Felder der linken Seite schraffiert sind. Entsprechend wird
auf der rechten Seite der Komfortwert gekennzeichnet.

Teppichsiegel

Beispiele	Verwendung	Einsatzmöglichkeiten
ETG·Strapazierwert ETG·Komfortwert extrem stark normal gering einfach gut hoch luxuriös	– normale Beanspruchung – hoher Komfort	– Schlafzimmer
ETG·Strapazierwert ETG·Komfortwert extrem stark normal gering einfach gut hoch luxuriös	– starke Beanspruchung – guter Komfort	– Wohnzimmer allgemein

Zusatzsymbole für Teppichböden

Symbole	Verwendung	Hinweis
	● stuhlrollengeeignet – Räume mit Rollstühlen und Rollsesseln – Büroräume	Dieser Boden ist geeignet für Sitzmöbel mit Rollen – geprüft wird mit Stuhlrollen, die der DIN-Norm 68 131 entsprechen.
	● treppengeeignet – Treppen in Wohnhäusern – sonstige Gebäude	Diese Teppichböden sind elastisch und zugleich fest genug, den Belastungen auf Treppenstufen bei fachgerechter Verlegung standzuhalten.
	● feuchtraumgeeignet – Badezimmer – Küchen – Toiletten u. a.	Diese Teppichböden sind geeignet für Feuchträume und verlieren durch Naßwerden und Trocknen weder Form noch Farbe und verrotten nicht.
	● antistatisch – verursachen beim Begehen keinen spürbaren Schlag	Der Teppichboden ist dauerhaft antistatisch ausgerüstet, d. h., die „elektrische Entladungen", die sich als völlig ungefährliche, doch unangenehme „Schläge" bemerkbar machen, treten nicht mehr auf.
	● geeignet für Fußbodenheizung – für Räume mit Fußbodenheizung	Der Wärmefluss von unten nach oben ist gewährleistet. Die Wirkung der Fußbodenheizung bleibt erhalten, ohne auf den Teppichkomfort zu verzichten.

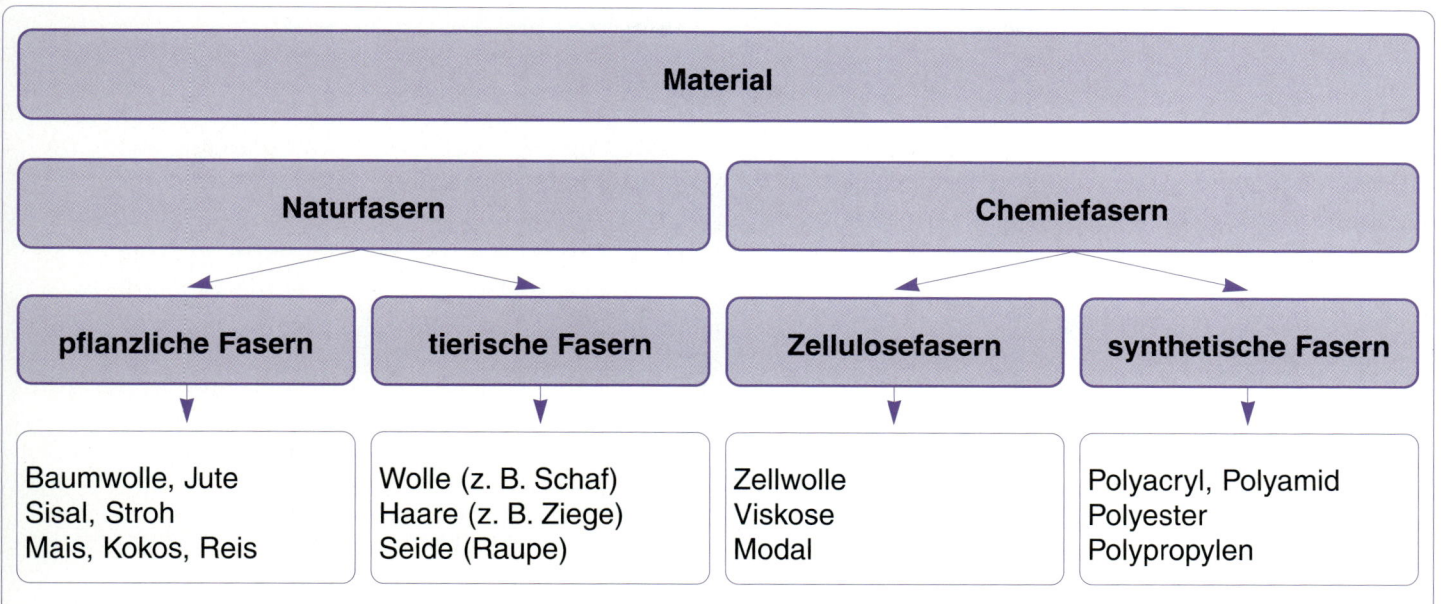

Material

Naturfasern

Chemiefasern

pflanzliche Fasern

tierische Fasern

Zellulosefasern

synthetische Fasern

pflanzliche Fasern	tierische Fasern	Zellulosefasern	synthetische Fasern
Baumwolle, Jute Sisal, Stroh Mais, Kokos, Reis	Wolle (z. B. Schaf) Haare (z. B. Ziege) Seide (Raupe)	Zellwolle Viskose Modal	Polyacryl, Polyamid Polyester Polypropylen

Herstellungsverfahren	Material	Verwendung	Pflege
Nadelvliesverfahren = Nadelfilz – Fasern werden auf bestimmte Länge geschnitten – von Maschine in gleiche Richtung gelegt – durch Nadeln mit Widerhaken entsteht festes Faservlies – bekommt Festigkeit und Stabilität durch Imprägnierbad – kommt mit und ohne Rückenbeschichtung in den Handel	Chemiefasern oder Fasermischungen	gesamter Wohnbereich außer Feuchträumen und Küchen	saugen, evtl. bürsten schwierige Fleckentfernung
Webverfahren – auf Webmaschinen hergestellt – Längsfäden (Kettfäden) und Querfäden (Schußfäden) werden in bestimmter Weise verbunden (= Bindungen) – gewebte Teppiche brauchen keine Rückenbeschichtung – werden oft latexiert (bessere Schnittfähigkeit) – können als Boucléware (= geschlossene Schlingen) oder Veloursware (= offene Schlingen) hergestellt werden	Schurwolle Tierhaar Chemiefasern Fasermischungen	gesamter Wohnbereich	saugen, evtl. bürstsaugen

Textile Bodenbeläge und Teppiche

Übersicht (Fortsetzung)

Herstellungsverfahren	Material	Verwendung	Pflege
Tuftingverfahren – meist verwendete Herstellungsart – Herstellung mit Tufting-maschine (Prinzip der Nähmaschine – mehrere tausend Nadeln durchstechen das Grundgewebe – Schlingen entstehen) – **Boucléware** = Schlingen bleiben geschlossen – **Veloursware** = Schlingen werden aufgeschnitten – Rückseite meist beschichtet (z. B. Latex, PVC, Naturkautschuk, Schaumstoff)	Schurwolle Chemiefasern Fasermischungen	gesamter Wohnbereich bestimmte Fliesen für Nassbereich	bürstsaugen (Fliesen zum Teil waschmaschinenge-eignet)
Knüpfverfahren – ältestes Herstellungsverfahren – Orientteppiche grundsätzlich handgeknüpft (nach Herstellungsort oder Gebiet benannt, z. B. Berber, Täbris) – Imitationen werden zum Teil industriell hergestellt	Material von lebenden Tieren, z. B. Schafen, Kamelen, Raupen, Ziegen Qualität des Materials und Anzahl der Knoten sind ausschlaggebend für Preis, Güte und Haltbarkeit	für den gehobenen Wohnbereich, als Wandteppich, als Kunstgegenstand	saugen, bürstsaugen

Weitere Verfahren

Herstellungsverfahren	Material	Verwendung	Pflege
– **Weben oder Flechten und Vernähen**	pflanzliche Fasern z. B. Kokos Sisal Stroh Reisstroh Maisstroh	gesamter Wohnbereich (rustikale Note) gesamter Wohnbereich, außer Küche (fettfleckempfindlich) } gesamter Wohnbereich, Feuchträume, geringe Beanspruchung	saugen, kein Klopfsaugen saugen, starke Verschmutzungen mit Bürste und warmem Wasser saugen, bürsten, ab und zu mit Wasser besprühen (Material wird nicht brüchig)
Kleb- und Flockverfahren – Grundgewebe ist mit Spezialkleber versehen – Fasern werden „eingeschossen"	**Klebteppiche** Wolle, Chemiefasern Haare, Mischfasern **Flockteppiche** Chemiefasern	keine zu starke Bean-spruchung	saugen, bürstsaugen

Textile Bodenbeläge und Teppiche
Reinigung und Pflege

Unterhaltsreinigung

- losen Schmutz durch Kehren, Saugen, Bürsten, Klopfen beseitigen
- kehren mit der Teppichkehrmaschine
- bürsten, wenn außer Entfernen von losem Schmutz Flor gelockert werden soll (Langflorteppiche) – nicht zu weiche Bürste mit langen Borsten verwenden, Seidenteppiche mit weicher Bürste
- klopfen auf Teppichstange mit Teppichklopfer auf der Unterseite des Teppichs – anschließend Flor abbürsten (im Winter im frischen Pulverschnee möglich – Florseite nach unten)
- maschinenklopfen durch Teppichreinigungsfirmen
- saugen mit Staubsauger – Hand- oder Bodensauger (siehe Seite 84/85)

Grundreinigung

- nach Bedarf ist vor der Grundreinigung eine Fleckenbehandlung vorzunehmen
- Flecken, z. B. Wachs, vertropfte Flüssigkeiten, Schuhcreme usw. lassen sich mit den Methoden der täglichen Reinigung nicht entfernen
- Teppiche im Sanitärbereich je nach Verschmutzung und Herstellerhinweis alle 1-2 Monate waschen – je nach Größe in der Waschmaschine oder Badewanne (evtl. Reinigungsfirma)
- Fleckerlteppiche aus Baumwolle können ebenfalls gewaschen werden (evtl. auf Terrasse, mit Gartenschlauch durchnässen, mit Schrubber und Reinigungslösung bearbeiten, mit Gartenschlauch gründlich nachspülen, auf Teppichstange oder Balkongeländer trocknen)
- neue Teppiche und Teppichbeläge verschmutzen langsamer – erste Grundreinigung hinauszögern
- nach Bedarf in mehrjährigen Abständen Grundreinigung an Teppichreinigungsfirma vergeben oder Geräte ausleihen
- Sprühextraktionsverfahren – mit speziellen Geräten – säubern große Flächen gleichmäßig und gründlich. (Reinigungsmittel wird durch Düsen mit hohem Druck gepresst und im gleichen Arbeitsgang wieder abgesaugt.)

Folgende Verfahren werden eingesetzt

- **manuelles Verfahren**
  selbstgefertigter oder vorgefertigter Schaum aus Spraydosen (Teppichschnee) wird mit Spezialschwamm auf Teppich aufgetragen und in den Flor eingerieben. Sorgfältiges, gleichmäßiges Arbeiten ist erforderlich. Der Teppich darf nicht zu stark durchfeuchtet werden. Die Rückstände werden abgesaugt, wenn der Teppich völlig trocken ist.
- **Reinigung mit Shampooniergerät**
  Schaum wird in Shampooniergerät entwickelt und mithilfe des Gerätes auf den Teppich aufgetragen, eingerieben und gleich wieder abgesaugt.
- **Teppich-Tiefenreinigung mit Trockenpulver**
  Trockenpulver wird auf den gesaugten Teppich mit spezieller Teppichbürste oder Einarbeitungsgerät aufgebracht. Lösungsmittel lösen den Schmutz und binden ihn. Nach entsprechender Einwirkungszeit läßt er sich absaugen. Evtl. muss der Vorgang wiederholt werden. Für Nadelfilz ungeeignet!

Kaufentscheidung für den Staubsaugerkauf

- Kaufentscheidung ist von der Anzahl und Größe der Teppiche abhängig
- bis ca. 20 m² oder als Zweitgerät ist der Handstaubsauger zu empfehlen
  – er hat geringere Saugleistung, kleinere Filter, kleinere Düsen, geringere Arbeitsgeschwindigkeit

Textile Bodenbeläge und Teppiche
Staubsaugen

					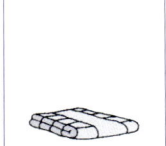		
Staubsauger	Staubbeutel	Fransenbürste	Putztuch Putzlappen	Trockentuch (dunkel)	Staubtuch Staublappen	Neutral-reiniger	Eimer (klein)

Arbeitsgang	Begründung

- Staubsauger bereitstellen

- alle kleinen und leicht beweglichen Stücke aus dem Zimmer räumen oder hochstellen   ☞ Arbeitsfläche freiräumen ☞ Arbeitserleichterung

- bei Bedarf abstauben

- Staubsauger nach Bedienungsanleitung einsatzbereit machen

- Saugleistung der Belegart und Verschmutzung anpassen ☞ materialgerechte Pflege

- Sockelleiste mit Saugrohr und schmaler Düse von der Tür aus gegen den Uhrzeiger – von rechts nach links – gründlich saugen ☞ gründliche Reinigung

- Staubsaugerschiene nach Körpergröße einstellen ☞ Arbeitserleichterung

- Teppichbürste (Klopfsaugerbürste) befestigen

- von der entferntesten Ecke aus zur Tür in Streifenform saugen ☞ rationelles Arbeiten

- in Räumen mit vielen Möbeln bietet sich Inselsaugen an

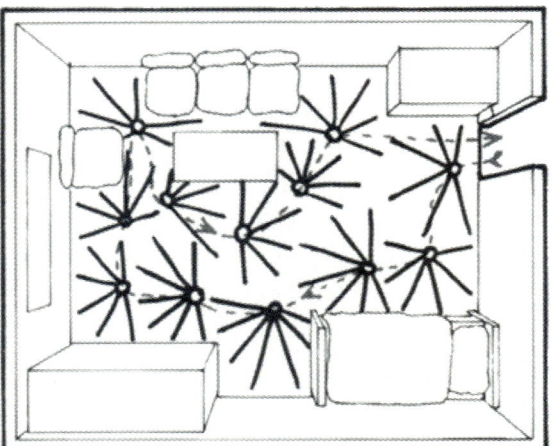

Bei Teppichen mit Fransen
- Fransen nicht saugen ☞ Materialschonung
- Fransen vorsichtig mit Fransenbürste glattkämmen

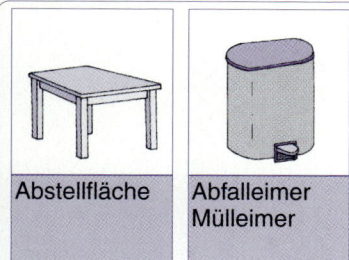

Abstellfläche | Abfalleimer Mülleimer

Arbeitsgang

- Stromkontakt unterbrechen
- Kabel aufrollen, um Stolpern beim Aufräumen zu verhindern
- Zimmer einräumen
- Arbeitsmittel und -geräte materialgerecht reinigen und aufräumen
- bei Bedarf Staubsaugergehäuse innen und außen feucht abwischen und trocknen

Begründung

☞ Stromschlag

☞ Unfallverhütung

☞ Ordnung

☞ Ordnung

Hinweise

- Staubsauger nur bei unterbrochenem Stromkontakt feucht reinigen!
- Füllanzeige für Staubsaugerbeutel beachten!
- Bei Bedarf Beutel auswechseln!
- Staubbeutel muss unbeschädigt sein!
- Bei verminderter Saugleistung Saugdüse und Saugrohr überprüfen!
- Bei Bedarf Düsen von Fäden und Fusseln reinigen, in den Abfalleimer geben!
- Herstellerhinweise beachten!
- Staubsaugerbürsten mit Besenkamm auskämmen!
- Stoff-Filter werden ausgeleert und weiterverwendet!
- Staubfilter regelmäßig erneuern!

Begründung

☞ Stromschlag

☞ Leistung

☞ Umweltschutz

Besen und Bürsten
Übersicht

Einsatz von Besen und Bürsten

- Entfernen von grobem, lose aufliegendem Schmutz
  - in schwer zugänglichen Ecken
  - auf Treppen und
  - einzelner Schmutzhaufen (z. B. Verschüttetes, Schmutz unter den Schuhen)

- Abbürsten von Kleidung

- Kämmen von Haaren

Hinweis

Fegen wirbelt viel Staub auf – deshalb bei zu viel Schmutz den Staubsauger einsetzen!

Besen und Bürsten bestehen aus zwei Teilen

– dem Bürstenrücken

– den Borsten

Der Bürstenrücken besteht je nach Einsatz meistens aus Holz oder Kunststoff.
Haar- und Kleiderbürstenrücken können mit Silber oder Schildpatt verkleidet werden oder bestehen aus Edelholz.

Die Qualität der Borsten ergibt sich aus der Verarbeitung des Besteckungsmaterials.

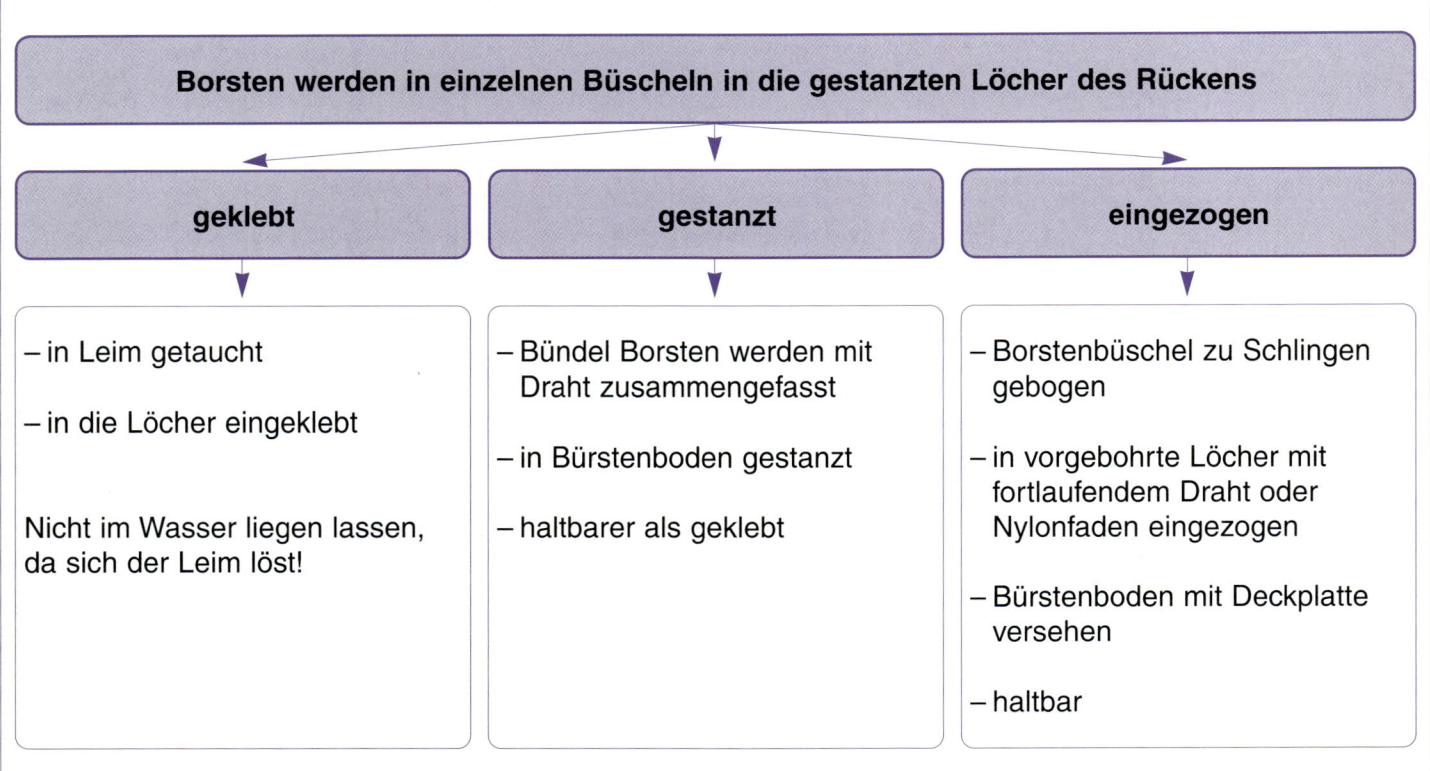

Borsten werden in einzelnen Büscheln in die gestanzten Löcher des Rückens

geklebt	gestanzt	eingezogen
– in Leim getaucht – in die Löcher eingeklebt Nicht im Wasser liegen lassen, da sich der Leim löst!	– Bündel Borsten werden mit Draht zusammengefasst – in Bürstenboden gestanzt – haltbarer als geklebt	– Borstenbüschel zu Schlingen gebogen – in vorgebohrte Löcher mit fortlaufendem Draht oder Nylonfaden eingezogen – Bürstenboden mit Deckplatte versehen – haltbar

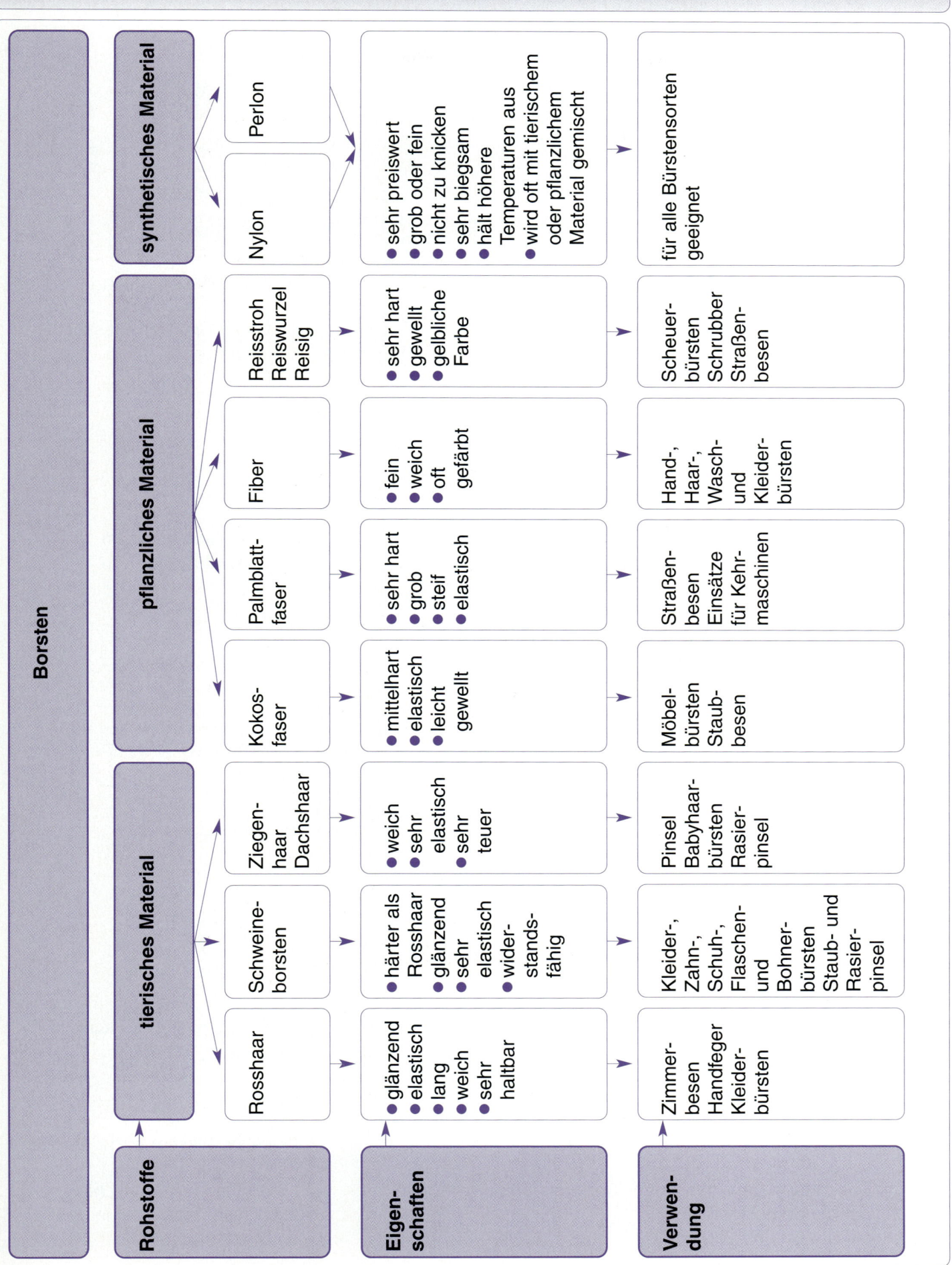

Borsten	Rohstoffe		Eigenschaften	Verwendung
tierisches Material	Rosshaar		• glänzend • elastisch • lang • weich • sehr haltbar	Zimmerbesen Handfeger Kleiderbürsten
	Schweineborsten		• härter als Rosshaar • glänzend • sehr elastisch • widerstandsfähig	Kleider-, Zahn-, Schuh-, Flaschen- und Bohnerbürsten Staub- und Rasierpinsel
	Ziegenhaar Dachshaar		• weich • sehr elastisch • sehr teuer	Pinsel Babyhaarbürsten Rasierpinsel
pflanzliches Material	Kokosfaser		• mittelhart • elastisch • leicht gewellt	Möbelbürsten Staubbesen
	Palmblattfaser		• sehr hart • grob • steif • elastisch	Straßenbesen Einsätze für Kehrmaschinen
	Fiber		• fein • weich • oft gefärbt	Hand-, Haar-, Wasch- und Kleiderbürsten
	Reisstroh Reiswurzel Reisig		• sehr hart • gewellt • gelbliche Farbe	Scheuerbürsten Schrubber Straßenbesen
synthetisches Material	Nylon	Perlon	• sehr preiswert • grob oder fein • nicht zu knicken • sehr biegsam • hält höhere Temperaturen aus • wird oft mit tierischem oder pflanzlichem Material gemischt	für alle Bürstensorten geeignet

Besen und Bürsten
Reinigung und Pflege

						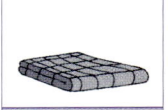	
Kunststoff-unterlage Plastikdecke	Arbeitshocker	Mülleimer Abfalleimer	Besenkamm	Putztuch Putzlappen	Neutral-reiniger	2 Wannen mit warmen Wasser	Trockentuch (dunkel)

Arbeitsgang	**Begründung**
• Arbeitsmittel und -geräte bereitstellen	☞ rationelles Arbeiten
• Arbeitsfläche abdecken	☞ Untergrund wird geschont
• Abfalleimer auf Arbeitshocker stellen	
H • Besenstiele lösen	
• Bürsten, die mit Lebensmitteln in Berührung kommen, zuerst und völlig getrennt reinigen	
• restliche Bürsten und Besen nach Verschmutzungsgrad sortieren – mit der Reinigung der saubersten beginnen	☞ vom Sauberen zum Schmutzigen
• mit dem Besenkamm groben Schmutz über dem Abfalleimer auskämmen	
Besen und Bürsten mit lackiertem oder kunststoff-beschichtetem Rücken	
• Bürsten und Besen mit lackiertem oder kunststoff-beschichtetem Rücken zuerst reinigen	☞ Schutz vor Scheuerpulver
• lackierte Stiele, Kunststoffstiele, lackierte Rücken, Kunststoffrücken mit feuchtem Lappen abwischen und reinigen	
• mit dunklem Trockentuch nachtrocknen	
• Borsten in warmer Neutralreinigerlösung schwenken und durchdrücken	
• Rücken darf nicht ins Wasser kommen	☞ geleimter Rücken kann sich lösen
• Borsten in kaltem, klarem Wasser nachspülen	
• gründlich über der Wanne ausschütteln	☞ kaltes Wasser härtet Borsten
• Besenstiele befestigen, zum Trocknen aufhängen oder auf die Seite legen	☞ Borsten werden nicht verformt ☞ Wasser läuft nicht in den Bürstenrücken

Besen und Bürsten
(Fortsetzung) **Reinigung und Pflege**

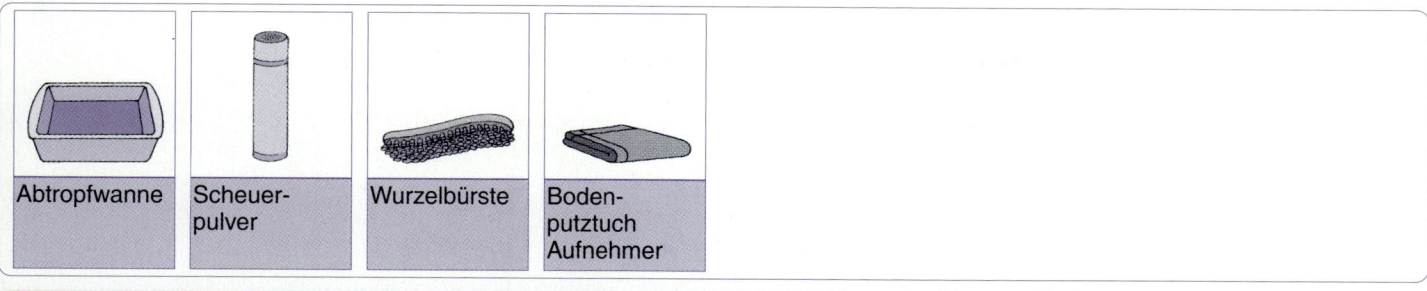

| Abtropfwanne | Scheuer-pulver | Wurzelbürste | Boden-putztuch Aufnehmer |

Arbeitsgang	**Begründung**

 Bürsten und Besen mit Rohholzrücken und Rohholzstielen

- Stiele, Bürstenrücken, Besenrücken mit Scheuerpulver und Wurzelbürste gründlich bürsten

- gründlich mit klarem, kaltem Wasser nachspülen

- Rohholz nicht im Wasser liegen lassen → verformt sich

- mit dunklem Trockentuch trocknen

- Wasser erneuern

- Borsten in warmer Neutralreinigerlösung schwenken und durchdrücken

- in klarem, kaltem Wasser nachspülen

- über Wanne gut ausschütteln

- Besenstiele befestigen, zum Trocknen aufhängen oder seitlich aufstellen → Borsten werden nicht verformt

- Arbeitsmittel und -geräte materialgerecht reinigen und aufräumen → Ordnung

- Arbeitsplatz reinigen und aufräumen → Ordnung

- Fußboden unfallsicher hinterlassen → Unfallverhütung

Hinweis

- Besen und Bürsten sollten immer so gelagert werden, dass die Borsten sich nicht verformen:
  - Besen aufhängen oder
  - Bürsten mit den Borsten nach oben oder seitlich lagern!

Reinigung und Pflege
Küche

		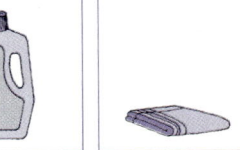		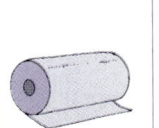		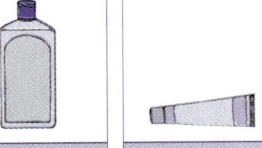	verseifte Stahlwolle Holzspieß
Eimer (klein)	Neutralreiniger	Putztuch Putzlappen	Trockentuch (dunkel)	Küchenkrepp Küchenrolle	Edelstahlreinigungs- u. -pflegemittel	Kochplattenreinigungs- u. -pflegemittel	

Arbeitsgang

V
- Arbeitsmittel und -geräte bereitstellen
- Überprüfen, ob alle Schalter auf „0" stehen
- Platten dürfen nicht heiß sein

H
- Kochplattenrand gründlich mit verseifter Stahlwolle reinigen – Herdabdeckungsplatte darf keinesfalls mit Stahlwolle gereinigt werden
- bei Bedarf mit Holzspießen und Edelstahlpflegemittel reinigen
- Kochplatte mit Regler feucht abwischen – mit Küchenkrepp trocknen
- Herdabdeckung mit Reinigungsmittellösung abwischen und reinigen, mit klarem heißem Wasser nachwischen
- mit Trockentuch trocknen und polieren
- Herdplatten mit Spezialmittel nach Gebrauchsanweisung kreisförmig behandeln
- mit Küchenkrepp nachreiben
- Herd außen, Schalterblende, Tür, Rahmen feucht abwischen und trocknen

N
- Arbeitsmittel und -geräte materialgerecht reinigen und aufräumen
- Fußboden trocken und unfallsicher hinterlassen

Begründung

- rationelles Arbeiten
- Unfallverhütung
- Kratzer vermeiden
- Rostgefahr
- Kratzer vermeiden
- Streifenbildung vermeiden
- Ordnung
- Unfallverhütung

Hinweise

- Regelmäßiges Abwischen kann scharfe Reiniger überflüssig machen!
- Cerankochfeld (Keramikkochfeld) nach Herstellerangaben reinigen!

Begründung

- Umweltschutz
- Materialschonung

Gasherd

			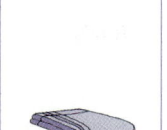		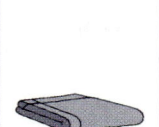	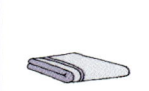	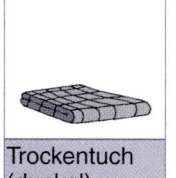
Spülbecken mit heißem Wasser	Spülmittel	Eimer (klein)	Putztuch Putzlappen	Backofen-reiniger	Boden-putztuch Aufnehmer	Spültuch Spüllappen	Trockentuch (dunkel)

Arbeitsgang | Begründung

 V

- Arbeitsmittel und -geräte bereitstellen — ☞ rationelles Arbeiten
- Gashaupthahn schließen — ☞ Vergiftungs- und Brandgefahr
- Spülmittellösung herstellen

H

- Rippenplatte und Brenner abnehmen und in Spülmittellösung einweichen
- Kochmulde gründlich reinigen `s. Seite 90 Elektro-Kochteil` — ☞ Hygiene
- mit klarem Wasser nachspülen und trocknen — ☞ Hygiene
- Rippenplatte und Brenner in der Spüle reinigen, nachspülen, gut trocknen und wieder aufsetzen
- im Backofen alle fünf Innenseiten und den Rahmen gründlich reinigen `siehe Seite 92 Backofen`
- bei starker Verschmutzung Backofenreiniger nach Gebrauchsanweisung verwenden — ☞ Ätzgefahr
- nachwischen und trocknen — ☞ Hygiene
- Frontseite des Herdes, Schalter und Schaltertafel, Türaußenseite und evtl. Seitenaußenwände feucht abwischen und trocknen — ☞ Streifenbildung vermeiden

N

- Arbeitsmittel und -geräte materialgerecht reinigen und aufräumen — ☞ Ordnung
- Fußboden aufwischen, trocknen und unfallsicher hinterlassen — ☞ Unfallgefahr

Hinweise | Begründung

- Bei Arbeiten am Gasherd sollte ständig auf ausreichende Frischluft geachtet werden! — ☞ Vergiftungsgefahr
- Regelmäßiges Abwischen kann scharfe Reiniger überflüssig machen! — ☞ Umweltschutz

Reinigung und Pflege
Küche

Eimer (klein)	Neutral-reiniger	Putztuch Putzlappen	Trockentuch (dunkel)	Scheuermittel (flüssig)	Holzspieß	verseifte Stahlwolle

Backofen-reiniger
Boden-putztuch

Arbeitsgang	**Begründung**
• nur abgekühlten Backofen reinigen	
• Arbeitsmittel und -geräte bereitstellen	☞ rationelles Arbeiten
• Zubehörteile und nach Möglichkeit Backwagen bzw. Tür herausnehmen	
H • Herdtür bzw. Backwagen mit Zubehör (z. B. Backblech, Gitter, evtl. Grill) materialgerecht reinigen	☞ Hygiene
• mit klarem Wasser nachspülen und gründlich trocknen	
• alle fünf Innenseiten des Backofens und den Rahmen reinigen	
• hartnäckige Flecken mit flüssigem Scheuermittel entfernen	☞ Kratzer vermeiden
• bei sehr starken Verschmutzungen notfalls Backofenreiniger nach Gebrauchsanweisung anwenden	☞ Ätzgefahr! Gummihandschuhe benutzen
• nachwischen und trocknen	☞ Hygiene
• Backofentür – wenn nicht abnehmbar – innen und den Rahmen reinigen	
• mit klarem, heißem Wasser nachwischen und gründlich trocknen	
• Frontseite, Türaußenseite, evtl. Seitenaußenwände reinigen	
• nachwischen und trocknen	☞ Streifenbildung vermeiden
N • herausgenommene Backofentür bzw. Backwagen einsetzen	
• Arbeitsmittel und -geräte materialgerecht reinigen und aufräumen	☞ Ordnung

Mikrowellengerät
(mit und ohne Bratautomatik)

	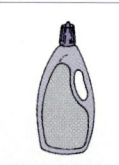	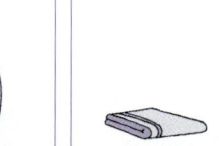					Scheuermittel (flüssig) verseifte Stahlwolle Holzspieß
Spülbecken mit heißem Wasser	Spülmittel	Spültuch Spüllappen	Eimer (klein)	Putztuch Putzlappen	Trockentuch (dunkel)	Geschirrtuch (dunkel)	

Arbeitsgang	**Begründung**
V • Arbeitsmittel und -geräte bereitstellen	☞ rationelles Arbeiten
• Spülmittellösung bereitstellen	
• Gerät ausschalten	☞ Unfallverhütung
• wenn möglich Stromkontakt unterbrechen	☞ Stromschlag
H • herausnehmbare Teile (z. B. Glasplatte, Drehteller) in der Spüle gründlich mit Spülmittellösung reinigen (notfalls flüssiges Scheuermittel verwenden)	
• mit klarem Wasser nachspülen und trocknen	☞ Streifenbildung vermeiden
• Mikrowellengerät innen – alle fünf Innenseiten und – Rahmen innen gründlich reinigen, notfalls flüssiges Scheuermittel verwenden	
• mit klarem Wasser nachspülen und trocknen	
• Mikrowellengerät außen – Tür außen – Schalterblende (evtl. mit Holzspieß), – Außenflächen – Kabel und Stecker feucht mit Spülmittellösung reinigen	
• mit klarem Wasser nachwischen und gründlich trocknen	☞ Steifenbildung vermeiden
• evtl. Stromkontakt wieder herstellen	☞ Funktion
N • herausnehmbare Teile wieder einsetzen	☞ Funktion
• Arbeitsmittel und -geräte materialgerecht reinigen und aufräumen	☞ Ordnung

Hinweise	**Begründung**
• Bei Geruchsbildung mit Essig auswaschen!	
• Kabel immer vom Stecker zum Gerät reinigen!	☞ Funktion

Reinigung und Pflege
Küche

Kühlschrank
(mit und ohne Gefrierfach)

Tablett	Abstellfläche	Spülbecken mit heißem Wasser	Abtropfkorb Gitterkorb	Spülmittel	Spültuch Spüllappen	Trockentuch (dunkel)	Essig

Arbeitsgang	**Begründung**
V • Arbeitsmittel und -geräte bereitstellen	☞ rationelles Arbeiten
• Platz für den Inhalt des Kühlschrankes schaffen – (entsprechend lagern)	
• Gerät ausschalten	☞ Unfallverhütung
• Stromkontakt nach Möglichkeit unterbrechen	☞ Stromschlag
• Inhalt überprüfen – Inhalt des Gefrierfaches in Zeitungspapier dick einwickeln und an kühlen Platz stellen	
• nicht mehr Brauchbares umweltbewusst beseitigen	☞ Umweltschutz
• Lebensmittelverpackungen bei Bedarf feucht abwischen	☞ Hygiene
• Lebensmittel bei Bedarf neu verpacken und verschließen	☞ Arbeitserleichterung
• Fächereinteilungen herausnehmen	
• bei Bedarf Behälter mit heißem Wasser in das Gefrierfach stellen	☞ Abtauen beschleunigen
siehe Seite 24/25 Geschirrspülen von Hand	
H • ausgeschalteten Kühlschrank mit den bereitgestellten Arbeitsmitteln und -geräten abtauen	☞ Beschädigung der Oberfläche vermeiden
• Fächereinteilungen im Spülbecken, notfalls Eimer, mit Spülmittellösung (Essig, Salz) gründlich reinigen und trocknen	☞ Desinfektion
• Gefrierfach mit Teigkarte oder Eiskratzer vom Eis befreien, mit Essigwasser reinigen, mit Trockentuch gründlich trocknen	☞ erneute Reifbildung verhindern
• Kühlschrankinneres mit Essigwasser reinigen und mit Trockentüchern gründlich trocknen	
• Kühlschrank geöffnet lassen	☞ Restfeuchte

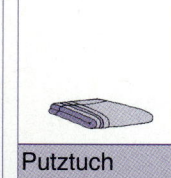	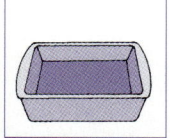	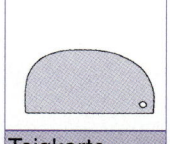		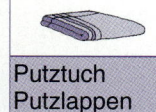
Putztuch Putzlappen	Auffangschale	Teigkarte	Spültuch (feucht)	Boden-putztuch Aufnehmer

Arbeitsgang

Arbeitsgang	**Begründung**
H • Einteilung wieder einsetzen	
• Lebensmittel neu einordnen	☞ Übersicht und sachgemäße Lagerung
• Kühlschrank schließen	
• Kühlschrank außen feucht mit Spülmittellösung abwischen und trocknen	☞ Streifenbildung vermindern
• Gerät wieder einschalten	☞ Funktion
N • Arbeitsmittel und -geräte materialgerecht reinigen und aufräumen	☞ Ordnung
• Fußboden trocken und unfallsicher hinterlassen	☞ Unfallverhütung
• Funktion des Gerätes überprüfen: – Innenlicht muss brennen – Motorgeräusch muss nach dem Einschalten hörbar sein	

Hinweise

Hinweise	**Begründung**
• Keine scharfkantigen Arbeitsgeräte verwenden!	☞ Kratzer vermeiden
• Durch übersichtliches, sorgfältiges Einordnen und gute Kennzeichnung des Gefriergutes lassen sich die Öffnungs-zeiten des Gerätes verkürzen!	☞ Umweltschutz ☞ Energieeinsparung

Reinigung und Pflege
Küche

		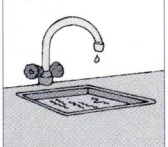			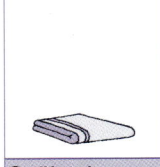		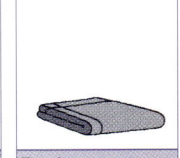
Zeitungs-papier	Korb	Spülbecken mit heißem Wasser	Abtropfkorb Gitterkorb	Spülmittel	Spültuch Spüllappen	Essig	Boden-putztuch Aufnehmer

Arbeitsgang	Begründung

- Arbeitsmittel und -geräte bereitstellen — ☞ rationelles Arbeiten

- Platz für den Inhalt des Gefriergerätes schaffen

- Gerät ausschalten — ☞ Unfallverhütung

- Stromkontakt nach Möglichkeit unterbrechen — ☞ Stromschlag

- Inhalt des Gefriergerätes überprüfen

- nicht mehr Brauchbares umweltbewusst beseitigen

- Lebensmittel bei Bedarf neu verpacken und beschriften — ☞ Hygiene und Ordnung

- Gefriergut dick in Zeitungspapier einschlagen und in Korb an kühlen Platz stellen

- Fächereinteilungen herausnehmen

- Behälter mit heißem Wasser in das Gefriergerät stellen — ☞ Arbeitserleichterung und Beschleunigung des Abtauens
  siehe Seite 24/25 Geschirrspülen von Hand

- Fächereinteilungen (in Spülbecken, Eimer oder Wanne) mit Spülmittellösung (Flecken mit Essig und Salz) gründlich reinigen, nachspülen und trocknen — ☞ rationelles Arbeiten

- Behälter mit heißem Wasser herausnehmen, sobald sich das Eis leicht ablösen lässt

- Gefriergerät mit Teigkarte oder Eiskratzer vom Eis befreien

- Geräteinneres mit heißer Spülmittellösung und Essig gründlich reinigen — ☞ Hygiene/Geruchsbildung

- Flecken mit Salz und Essig entfernen (notfalls flüssiges Scheuermittel verwenden)

- Ecken und Kanten mit Holzspieß und Spülbürste reinigen

- mit klarem Wasser nachwischen und gründlich trocknen — ☞ verhindert erneute schnelle Reifschicht

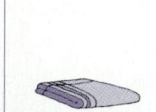						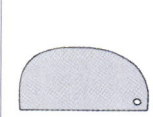	Spülbürste Scheuermittel (flüssig) Holzspieß
Putztuch Putzlappen	Kehrschaufel Kehrblech	Trockentuch (dunkel)	Geschirrtuch (dunkel)	Salz	Eimer (klein)	Teigkarte	

Arbeitsgang | Begründung

H
- Geräteaußenflächen mit Tür/Deckel, Kabel, Stecker materialgerecht reinigen

- Fächereinteilungen wieder einschieben — ☞ Ordnung

- Inhalt ordnungsgemäß einräumen

- Stromkontakt herstellen und Gefriergerät wieder einschalten — ☞ Funktion

N
- Arbeitsmittel und -geräte materialgerecht reinigen und aufräumen — ☞ Ordnung

- Zeitungspapier zum Altpapier geben — ☞ Umweltschutz

- Funktion des Gerätes überprüfen

- Fußboden trocken und unfallsicher hinterlassen — ☞ Unfallverhütung

Hinweise | Begründung

- Keine Metallgegenstände zum Abkratzen verwenden! — ☞ Schutz vor Schädigungen

- Abgelöstes Eis auf Kehrblech geben und in den Ausguss schütten!

- Auf saubere, trockene Dichtungsgummis achten, notfalls erneuern! — ☞ Materialschonung

- Das Einreiben mit Talkumpuder erhält Gummi länger geschmeidig!

- Herstellerhinweise beachten!

- Seltenes, kurzzeitiges Öffnen verhindert das schnelle Vereisen des Gefriergerätes! — ☞ Energieersparnis

- Durch sorgfältiges Einordnen und gute Kennzeichnung des Gefriergutes lassen sich die Öffnungszeiten des Gerätes verkürzen! — ☞ Übersichtlichkeit

- Lebensmittel sollten fachgerecht eingefroren werden, um eine Reifbildung zu vermeiden! — ☞ Haltbarkeitsdauer

Reinigung und Pflege
Küche

Kaffeemaschine

							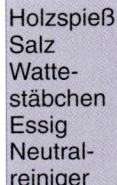
Spülbecken mit heißem Wasser	Spülmittel	Spültuch Spüllappen	Spülbürste Geschirrbürste	Geschirrtuch (dunkel)	Spültuch (feucht)	Edelstahl-reinigungs- u. -pflegemittel	Holzspieß Salz Watte-stäbchen Essig Neutral-reiniger

Arbeitsgang | Begründung

V
- Gerät muss ausgeschaltet sein — ☞ Unfallverhütung
- Stromkontakt muss unterbrochen sein — ☞ Stromschlag
- Arbeitsmittel und -geräte bereitstellen — ☞ rationelles Arbeiten

H
- Kanne und alle losen Kunststoffteile gründlich spülen
- Kalkflecken mit Essig entfernen – nachspülen und gründlich trocknen — ☞ Umweltschutz
- Wasserbehälter ebenso reinigen
- Kaffeemaschinengehäuse von außen, Kabel und Stecker mit Spülmittellösung, Salz und Essig feucht reinigen — ☞ Kalkflecken entfernen
- Ecken und Kanten mit Holzspieß oder Wattestäbchen reinigen — ☞ Hygiene
- Edelstahlwarmhalteplatte mit Neutralreiniger oder Edelstahlreinigungs- und -pflegemittel reinigen — ☞ materialgerechte Pflege
- mit klarem Wasser nachwischen, gründlich trocknen
- Kanne und Kunststoffteile wieder zuordnen — ☞ Funktion

N
- Arbeitsmittel und -geräte materialgerecht reinigen und aufräumen — ☞ Ordnung

Hinweise | Begründung

- Kaffeemaschine bei Bedarf nach Bedienungsanleitung entkalken!
- Es wird empfohlen, vor der nächsten Kaffeezubereitung eine Kanne Wasser durchlaufen zu lassen! — ☞ Geschmacksbeeinträchtigung
- Das erkaltete Wasser kann dann zum Gießen der Blumen verwendet werden! — ☞ Umweltschutz
- Kabel immer vom Stecker zum Gerät reinigen! — ☞ Funktion

							Salz Geschirrtuch (dunkel) Abfalleimer Bodenputztuch
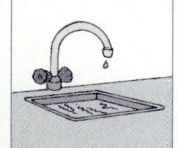		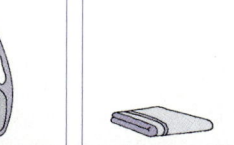					
Spülbecken mit heißem Wasser	Spülmittel	Spültuch Spüllappen	Spültuch (feucht)	Essig	Holzspieß	Wattestäbchen	

Arbeitsgang | Begründung

V
- Gerät muss abgeschaltet sein — ☞ Unfallverhütung
- Stromkontakt muss unterbrochen sein — ☞ Stromschlag
- Arbeitsmittel und -geräte bereitstellen — ☞ rationelles Arbeiten
- Toaster mit den Öffnungen nach unten über einem Abfalleimer ausschütteln, bis keine Krümel mehr darin sind

H
- Toastergehäuse, Kabel, Stecker mit Spülmittellösung feucht reinigen
- Flecken mit Salz und Essig, notfalls mit flüssigem Scheuermittel behandeln — ☞ gründliche Reinigung
- Ecken und Kanten mit Holzspieß oder Wattestäbchen reinigen — ☞ Hygiene
- mit klarem Wasser nachwischen — ☞ Streifenbildung vermeiden
- gründlich trocknen
- falls vorhanden, Brötchenaufsatz wie Toastergehäuse reinigen
- mit klarem Wasser nachspülen — ☞ Streifenbildung vermeiden
- gründlich trocknen — ☞ Stromschlag

N
- Arbeitsmittel und -geräte materialgerecht reinigen und aufräumen — ☞ Ordnung
- Fußboden trocken und unfallsicher hinterlassen — ☞ Unfallverhütung

Hinweis | Begründung

- Kabel immer vom Stecker zum Gerät reinigen! — ☞ Funktion

		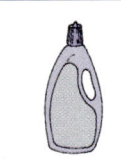					Watte-stäbchen Salz Holzspieß Essig
Abtropfkorb Gitterkorb	Spülbecken mit heißem Wasser	Spülmittel	Spültuch Spüllappen	Geschirrtuch (hell)	Geschirrtuch (dunkel)	Spültuch (feucht)	

Arbeitsgang

Begründung

V

- Gerät muss ausgeschaltet sein — ☞ Unfallverhütung
- Stromkontakt muss unterbrochen sein — ☞ Stromschlag
- Arbeitsmittel und -geräte bereitstellen — ☞ rationelles Arbeiten

H

- Küchenmaschine und alle Zubehörteile reinigungsgerecht nach Herstellerangabe zerlegen — ☞ Unfallverhütung
- stark verschmutzte Teile in Spülmittellösung einweichen
  – Ausnahme: Messer und scharfkantige Teile — ☞ Verletzungsgefahr
- Maschinenblock, Kabel, Stecker feucht reinigen
- Flecken mit Spülmittel oder Salz und Essig entfernen
- für Ecken und Ritzen Holzspieß oder Wattestäbchen verwenden — ☞ Hygiene
- gereinigte Teile mit klarem Wasser nachwischen
- gründlich trocknen — ☞ Stromschlag
- Zubehörteile materialgerecht reinigen, klar nachspülen und gründlich trocknen
- Küchenmaschine nur im völlig getrockneten Zustand nach Herstellerangaben zusammenbauen — ☞ Rostgefahr, Funktion

N

- Küchenmaschine und Zubehörteile luftig aufbewahren — ☞ Restfeuchte
- Arbeitsmittel und -geräte materialgerecht reinigen und aufräumen — ☞ Ordnung

Hinweis

Begründung

- Kabel immer vom Stecker zum Gerät reinigen! — ☞ Funktion

	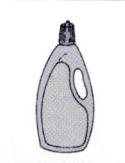	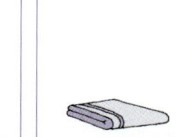					Essig verseifte Stahlwolle Scheuermittel (flüssig)
Spülbecken mit heißem Wasser	Spülmittel	Spültuch Spüllappen	Spülbürste Geschirrbürste	Geschirrtuch (dunkel)	Spültuch (feucht)	Holzspieß	

Arbeitsgang | Begründung

V
- Gerät muss ausgeschaltet sein — ☞ Unfallverhütung
- Stromkontakt muss unterbrochen sein — ☞ Stromschlag
- Arbeitsmittel und -geräte bereitstellen — ☞ rationelles Arbeiten
- erkaltetes Pflanzenfett lässt sich als Klotz herausnehmen und entsorgen — ☞ Umweltschutz
- erkaltetes Öl in einen Behälter geben — ☞ Altölsammelstelle

H
- Fritiereinsatz mit Spülbürste und flüssigem Scheuermittel gründlich reinigen, klar nachspülen und trocknen — ☞ Hygiene
- hartnäckige Verkrustungen mit verseifter Stahlwolle, Holzspieß und Spülbürste entfernen
- nach Bedarf Dunstfilterwechsel nach Herstellerangabe vornehmen
- Friteuse und Deckel innen, dann außen mit Spülmittel-lösung (evtl. flüssigem Scheuermittel) gründlich reinigen
- nachwischen und trocknen — ☞ Stromschlag, Fremdrost, Restfeuchte
- Friteuse geöffnet trocknen lassen

N
- alle Arbeitsmittel und -geräte materialgerecht reinigen und aufräumen — ☞ Ordnung

Hinweise | Begründung

- Friteusen mit sichtbarer Heizschlange genauso reinigen, jedoch darauf achten, dass weder Heizschlange noch Drähte verbogen oder beschädigt werden! — ☞ Stromschlag ☞ Brandgefahr
- Kabel immer vom Stecker zum Gerät reinigen! — ☞ Funktion

Reinigung und Pflege
Küche

		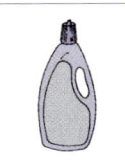					
Eimer (klein)	Neutral-reiniger	Spülmittel	Putztuch Putzlappen	Trockentuch (dunkel)	Mülleimer Abfalleimer	Spülbürste Geschirrbürste	Holzspieß

Arbeitsgang

- Gerät muss ausgeschaltet sein
- Stromkontakt muss unterbrochen sein
- Wasserzulauf abstellen
- alle Arbeitsmittel und -geräte auf Ablagefläche bereitstellen
- Eimer mit heißem Wasser füllen und Neutralreiniger oder Spülmittel zugeben

H
- Geschirrkörbe herausnehmen
- falls die Geschirrkörbe schmutzig sind, diese wie Kunststoff in der Spüle reinigen
- Speiserestegrobfilter und Speiserestefeinfilter herausnehmen und mit der Spülbürste in den Abfalleimer ausbürsten
- bei Bedarf Sprühdüsenöffnungen mit Holzspieß und Pinzette von Fremdkörpern befreien
- Innenraum der Spülmaschine allseitig auswischen
- Dichtungsgummi, Türrahmen und die Tür innen reinigen
- Außenflächen der Spülmaschine und Schalter reinigen
- Flecken mit Neutralreiniger entfernen, notfalls mit flüssigem Scheuermittel
- Kalkränder mit Essig und Salz entfernen
- Ritzen und Kanten mit Holzspieß oder Wattestäbchen reinigen

Begründung

- ☞ Unfallverhütung
- ☞ Stromschlag
- ☞ Arbeitssicherheit
- ☞ rationelles Arbeiten

- ☞ Funktion
- ☞ Funktion
- ☞ gründliche Reinigung
- ☞ Hygiene
- ☞ Kratzer vermeiden
- ☞ Hygiene

Geschirrspülmaschine

	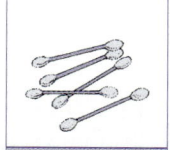		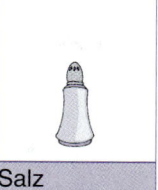			
Abstellfläche	Scheuermittel flüssig	Watte-stäbchen	Boden-putztuch Aufnehmer	Pinzette	Salz	Essig

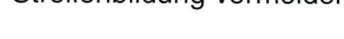

Arbeitsgang

- alle gereinigten Teile mit klarem Wasser nachwischen und gründlich trocknen

  - Speiserestefilter wieder einsetzen

  - bei Bedarf Regeneriersalz und Klarspüler nach Herstellerangabe nachfüllen

  - Geschirrkörbe wieder einsetzen

- Tür offenlassen

  - Arbeitsmittel und -geräte materialgerecht reinigen und aufräumen

  - Fußboden trocken und unfallsicher hinterlassen

Begründung

☞ Streifenbildung vermeiden

☞ Funktion

☞ Restfeuchte

☞ Ordnung

☞ Unfallverhütung

Hinweise

- Kalkansatz an Heizspiralen bei Bedarf nach Hersteller-hinweis entfernen – nur feucht reinigen!

- Hinweise der Hersteller beachten!

- Sind andere Materialien an der Spülmaschine zu reinigen, diese materialgerecht behandeln!

- Wasserzulauf (evtl. auch Stromkontakt) erst beim nächsten Spülvorgang wieder herstellen!

- Spülmaschine nur ganz gefüllt anstellen!

Begründung

☞ materialgerechte Pflege

☞ Unfallverhütung

☞ Strom- und Wasserersparnis
☞ Umweltschutz

							Watte- stäbchen Bürste (weich) Abfalleimer Scheuermittel (flüssig)
			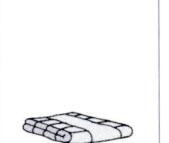				
Abstellfläche	Eimer (klein)	Neutral- reiniger	Staubtuch Staublappen	Putztuch Putzlappen	Trockentuch (dunkel)	Holzspieß	

Arbeitsgang | Begründung

V
- Gerät muss ausgeschaltet sein → Unfallverhütung
- Stromkontakt nach Möglichkeit unterbrechen → Stromschlag
- Wasserzufuhr abstellen → Unfallverhütung
- alle Arbeitsmittel und -geräte auf Ablagefläche bereitstellen → rationelles Arbeiten
- Eimer mit heißem Wasser füllen und Neutralreiniger zugeben

H
- Außenfläche der Waschmaschine abstauben
- Flusensieb herausnehmen
- Flusensieb mit Bürste über Abfalleimer ausbürsten (Hinweis: Es gibt auch Waschmaschinen ohne Flusensieb!) → Funktion
- Waschmaschinentrommel, Dichtungsringe, Bullauge (bei Frontlader), Tür innen, Kabel, Stecker, Gehäuse außen, Schalter, Flusensieb der Reihe nach reinigen
- Flecken mit Neutralreiniger, notfalls mit flüssigem Scheuermittel, entfernen → Kratzer vermeiden
- Ritzen und Kanten mit Holzspieß oder Wattestäbchen reinigen → Hygiene
- alle gereinigten Teile mit klarem Wasser nachwischen und gründlich trocknen → Streifenbildung vermeiden
- Flusensieb wieder einsetzen

N
- Bullauge/Tür offen lassen → Restfeuchte
- Arbeitsmittel und -geräte materialgerecht reinigen und aufräumen → Ordnung

Hinweis | Begründung

- Kabel immer vom Stecker zum Gerät reinigen! → Funktion

						 Watte-stäbchen Abfalleimer Scheuermittel (flüssig)
Abstellfläche	Eimer (klein)	Neutral-reiniger	Bürste (weich)	Putztuch Putzlappen	Trockentuch (dunkel)	Holzspieß

Arbeitsgang | Begründung

- Gerät muss ausgeschaltet sein — ☞ Unfallverhütung

- Stromkontakt nach Möglichkeit unterbrechen — ☞ Stromschlag

- alle Arbeitsmittel und -geräte auf Ablagefläche bereitstellen — ☞ rationelles Arbeiten

- Eimer mit heißem Wasser füllen und Neutralreiniger zugeben

H

- Außenflächen des Trockners abstauben

- Flusensieb reinigen – Flusenschicht mit der Hand ablösen, zum Abfall geben

- Flusensieb mit weicher Bürste beidseitig über Abfalleimer ausbürsten — ☞ Funktion

- Wäschetrocknertrommel, Dichtungsring, Bullauge (bei Frontlader)/Tür innen, Kabel, Stecker, Gehäuse außen, Bullauge/Tür außen, Schalter, Rahmen des Flusen-siebes reinigen — ☞ rationelles Arbeiten

- Flecken mit Neutralreiniger, notfalls mit flüssigem Scheuermittel entfernen — ☞ Kratzer vermeiden

- Ritzen und Kanten mit Holzspieß oder Wattestäbchen reinigen — ☞ Hygiene

- alle gereinigten Teile klar nachspülen und trocknen — ☞ vermeidet Streifenbildung

- Flusensiebfilter wieder einsetzen

N

- Bullauge/Tür offenlassen — ☞ Restfeuchte

- Arbeitsmittel und -geräte materialgerecht reinigen und aufräumen — ☞ Ordnung

Hinweise | Begründung

- Flusensieb auch zwischendurch entleeren! — ☞ Funktion

- Kabel immer vom Stecker zum Gerät reinigen! — ☞ Funktion

					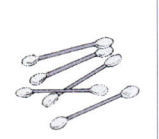	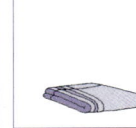	Trockentuch (dunkel) verseifte Stahlwolle Kunststoff-unterlage
Wanne mit heißem Wasser	Neutral-reiniger	Salz	Essig	Holzspieß	Watte-stäbchen	Putztuch Putzlappen	

Arbeitsgang / Begründung

V

- Gerät muss ausgeschaltet sein — ☞ Unfallverhütung
- Stromkontakt muss unterbrochen sein — ☞ Stromschlag
- Arbeitsmittel und -geräte bereitstellen — ☞ rationelles Arbeiten

H

- Netzstecker und Kabel (Kunststoff) mit feuchtem Tuch abwischen und gut trocknen
- Textilkabel nur mit trockenem Tuch abstauben — ☞ Stromschlag
- Kunststoffteile mit Reinigerlösung abwischen, reinigen, gut trocknen
- Flecken mit Salz und Essig entfernen — ☞ Umweltschutz
- Bügelsohle mit Essig und Salz und notfalls mit verseifter Stahlwolle reinigen
- Ecken und Kanten mit Holzspieß und Wattestäbchen reinigen — ☞ Hygiene
- zu reinigende Teile des Bügeleisens mit klarem Wasser nachwischen
  – gründlich trocknen — ☞ Entfernung von Reinigungs-rückständen / ☞ vermeidet Streifenbildung
- Kabel um Halterung legen oder mit Gummiband zusammenhalten — ☞ Ordnung und Unfallverhütung

N

- Arbeitsmittel und -geräte materialgerecht reinigen und aufräumen — ☞ Ordnung
- Arbeitsplatz bzw. Arbeitsunterlagen reinigen — ☞ Ordnung

Hinweise / Begründung

- Dampfbügeleisen nach Bedienungsanleitung reinigen! — ☞ Funktion
- Besonders bei Dampfbügeleisen die Dampfaustrittsöffnungen von Reinigerresten befreien!
- Kabel immer vom Stecker zum Gerät reinigen! — ☞ Funktion

		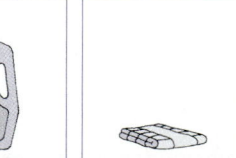				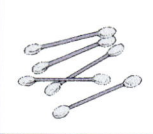	
Eimer (klein)	Neutral-reiniger	Staubtuch Staublappen	Trockentuch (dunkel)	Scheuermittel (flüssig)	Holzspieß	Watte-stäbchen	Abstellfläche Putztuch

Arbeitsgang | Begründung

V
- Bügelmaschine aufstellen
- Gerät muss ausgeschaltet sein — Unfallverhütung
- Stromkontakt muss unterbrochen sein — Stromschlag
- Arbeitsmittel und -geräte auf Abstellfläche bereitstellen — rationelles Arbeiten
- Eimer mit heißem Wasser füllen und Neutralreiniger zugeben

H
- Bügelwalzenbespannung abnehmen – waschen – bei Bedarf erneuern
- Bügelwalze mit dunklem Trockentuch abdecken — Schonung der Bügelwalze
- Bügelmaschine von oben nach unten abstauben
- Bügelmulde mit flüssigem Scheuermittel reinigen und nachwischen — Kratzer vermeiden
- Gehäuse, Kabel, Stecker, Fußbrett usw. feucht abwischen
- Flecken mit Neutralreiniger entfernen
- Ecken und Kanten mit Holzspieß/Wattestäbchen reinigen — Hygiene
- alle Teile der Bügelmaschine – außer der Bügelwalze – mit klarem Wasser nachwischen und gut trocknen — Streifenbildung vermeiden
- Kabel an den entsprechenden Halterungen befestigen
- Bügelwalze mit gewaschenem und gebügeltem oder neuem Bezug bespannen

N
- Bügelmaschine zusammenklappen oder abdecken
- Arbeitsmittel und -geräte materialgerecht reinigen und aufräumen — Ordnung

Hinweis | Begründung

- Kabel immer vom Stecker zum Gerät reinigen! — Funktion

		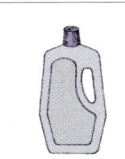	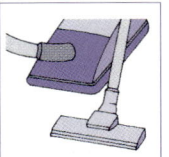			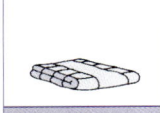	Putztuch Trockentuch (dunkel) Abstellfläche
Polster-Reinigungs- und -pflegemittel	Eimer (klein)	Neutralreiniger	Staubsauger	Kunststoffunterlage Plastikdecke	Schmutzbürste	Staubtuch Staublappen	

Arbeitsgang

Begründung

- Gebrauchsanweisung für Polsterreinigungsmittel lesen

- Arbeitsmittel und -geräte bereitstellen

- Eimer mit warmem Wasser füllen und Neutralreiniger zugeben

- lose aufliegende Polster herausnehmen

 materialgerechte Reinigung

 rationelles Arbeiten

 Arbeitserleichterung

H

- Polster von allen Seiten absaugen (mit Polsterdüse)

- Stühle mit Sitzfläche auf abgedeckten Tisch legen, Sessel umkippen

- mit Schmutzbürste Schmutz von den Beinen in den Abfalleimer abbürsten

- Stuhl- und Sesselunterseite abstauben

- andere nicht textile Flächen von oben nach unten abstauben

- nach Bedarf Polster mit Polsterreinigungsmittel nach Gebrauchsanweisung behandeln und absaugen

- nicht textile Teile (Lehne, Beine usw.) von oben nach unten feucht mit Neutralreiniger reinigen

- mit klarem Wasser nachwischen und gründlich trocknen

- andere Materialien entsprechend reinigen

 Unfallverhütung
 Arbeitshaltung

 Materialschonung

 materialgerechte Reinigung und Pflege

N

- Arbeitsmittel und -geräte materialgerecht reinigen und aufräumen

 Ordnung

Hinweis

Begründung

- Unbedingt die Hinweise der Hersteller von Reinigungsmitteln und Fleckentfernern beachten!

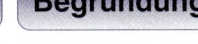 Verfärbungen

		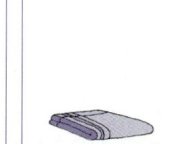					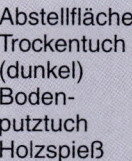	Abstellfläche Trockentuch (dunkel) Bodenputztuch Holzspieß
Eimer (klein)	Neutralreiniger	Putztuch Putzlappen	Handbesen Handfeger	Kehrschaufel Kehrblech	Abfalleimer Mülleimer	Sicherheitsleiter		

Arbeitsgang

Begründung

V
- Arbeitsmittel und -geräte bereitstellen — ☞ rationelles Arbeiten
- Gegenstände aus dem Schrank nehmen und reinigen — ☞ vom Schmutzigen zum Sauberen

H
- nach Möglichkeit Einlegebretter herausnehmen und reinigen
- Bretter unfallsicher zur Seite stellen — ☞ Unfallverhütung
- nach Bedarf Schrank innen auskehren
- Schrank innen von oben nach unten reinigen
- Flecken mit Neutralreiniger entfernen
- Scharniere, Schloss und Schlüssel materialgerecht reinigen und trocknen, Holzspieß als Hilfsmittel benutzen — ☞ Hygiene
- Schrank innen von oben nach unten mit klarem Wasser nachwischen und trocknen — ☞ Streifenbildung vermeiden
- Schrank außen nach gleichem Verfahren reinigen

N
- Einlegebretter wieder einsetzen — ☞ Funktion
- Gegenstände geordnet einräumen, wenn der Schrank völlig trocken ist — ☞ Restfeuchte
- Arbeitsmittel und -geräte materialgerecht reinigen und aufräumen — ☞ Ordnung
- Fußboden sauber, trocken und unfallsicher hinterlassen — ☞ Unfallverhütung

Hinweis

Begründung

- Schränke aus anderen Materialien entsprechend reinigen! — ☞ materialgerechte Pflege

Reinigung und Pflege
Wohnung

Fußböden (versiegelte Holzfußböden, Steinfußböden, Fliesen mit glatten und rauhen Oberflächen, Kunststoffböden)

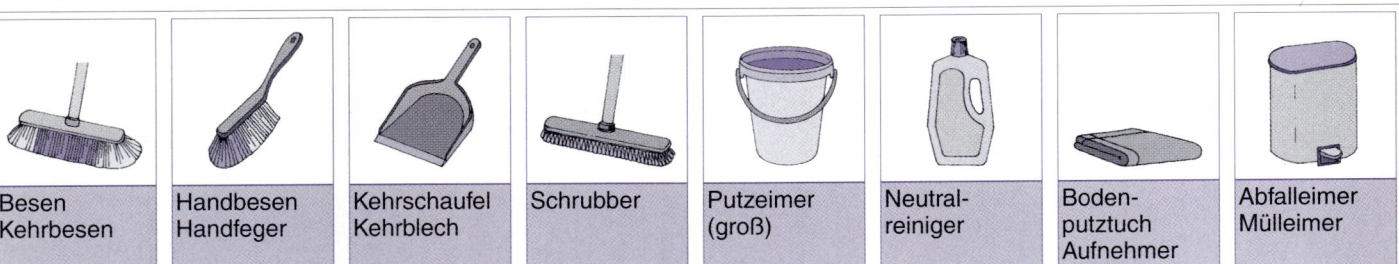

| Besen Kehrbesen | Handbesen Handfeger | Kehrschaufel Kehrblech | Schrubber | Putzeimer (groß) | Neutral-reiniger | Boden-putztuch Aufnehmer | Abfalleimer Mülleimer |

Arbeitsgang

V
- alle leicht beweglichen Gegenstände vom Boden entfernen
- Arbeitsmittel und -geräte bereitstellen
- Türen schließen

- Fenster öffnen

H
Boden kehren
- von der entferntesten Ecke aus zur Tür (in Streifenform) von sich weg kehren
- Schmutz mit Handfeger und Kehrblech aufnehmen und zum Abfall geben
- Sockelleiste von links nach rechts mit feuchtem Bodenputztuch von Hand wischen und gut nachtrocknen

Steinfußböden
- Sockelleiste aus Stein mit trockener Bürste von links nach rechts an der Oberkante bürsten
- mit nasser Bürste die senkrechte Fläche der Sockelleiste bürsten
- mit feuchtem Bodenputztuch nachwischen
- Fußboden flächenweise mit heißem Wasser und Neutralreiniger kräftig scheuern
- Fugen längs und quer scheuern
- mit dem um den Schrubber gelegten Bodenputztuch strichweise aufwischen
- Ecken und Sockelleiste beachten
- vorbehandelten Boden mit klarem Wasser nachwischen
- mit dem gut ausgewrungenen Bodenputztuch trocknen

Versiegelte Holzfußböden
- Boden feucht mit heißem Wasser und Neutralreiniger wischen – von der entferntesten Ecke zur Tür (in Streifenform)
- Fußboden bei Bedarf mit klarem Wasser nachwischen
- nachtrocknen

Begründung

☞ Arbeitsfläche freiräumen

☞ rationelles Arbeiten
☞ Staubaufwirbelung und Durchzug vermeiden
☞ Luftzufuhr

☞ rationelles Arbeiten

☞ Schonung der Wände

☞ gründliche Reinigung und Pflege

☞ rationelles Arbeiten

☞ Hygiene

☞ Unfallverhütung

☞ rationelles Arbeiten

☞ Unfallverhütung

Bürste	Steinreinigungs- und -pflegemittel	Wachslösungsmittel	Besenkamm

Arbeitsgang

Begründung

Kunststoffböden
- bei Bedarf Wachsmittel nach Gebrauchsanweisung anwenden
- auf Sockelleisten und Ecken achten
- Boden feucht mit heißem Wasser und Neutralreiniger wischen – von der entferntesten Ecke zur Tür (in Streifenform)
- Fußboden bei Bedarf mit klarem Wasser nachwischen
- nachtrocknen

☞ materialgerechte Arbeitsweise

☞ gründliche Reinigung und Pflege
☞ rationelles Arbeiten

☞ Unfallverhütung

- Gegenstände erst einräumen, wenn der Boden völlig trocken ist
- nach Bedarf Fenster wieder schließen
- Arbeitsmittel und -geräte materialgerecht reinigen (Besen mit Besenkamm auskämmen) und aufräumen

☞ Arbeitsergebnis

☞ Ordnung

Hinweise

Begründung

- Arbeitsgeräte in voller Breite ausnutzen! (Breite von Besen und Schrubber auf die Fußbodengröße abstimmen!)

☞ rationelles Arbeiten

- Bodenputztuch soll ganze Schrubberbreite bedecken!

- Bei großen Flächen abschnittsweise kehren und Schmutz mehrmals aufnehmen!

☞ rationelles Arbeiten

- Beim Wischen mehrmals den Lappen auswaschen und auswringen!

☞ Hygiene

- Putzwasser bei Bedarf erneuern!

☞ Hygiene

- Bodenputztuch an der Luft trocknen lassen!

☞ Geruchsvermeidung

- Möglichst nicht über den frisch gewischten Boden laufen!

☞ Schuhabdrücke vermeiden

Bei Steinfußböden
- Bei hartnäckigen Flecken Neutralreiniger direkt auf den Boden geben und bürsten!

☞ Arbeitsergebnis

Kehrschaufel Kehrblech	Handbesen Handfeger	Putzeimer (groß)	Bürste	Putztuch Putzlappen	Neutral-reiniger	Abfalleimer	Besenkamm

Arbeitsgang

Begründung

V
- alle leicht beweglichen Gegenstände von der Treppe entfernen

☞ Arbeitsfläche freiräumen

- Arbeitsmittel und -geräte vorbereiten

☞ rationelles Arbeiten

H
- Treppe stufenweise von oben nach unten mit Sockelleiste abkehren

☞ rationelles Arbeiten

- Spinngewebe dabei auch entfernen

☞ Hygiene

- Schmutz zum Abfall geben

☞ Umweltschutz

- Treppengeländer je nach Material und Verarbeitung reinigen

☞ Materialschonung

- jeweils zwei Stufen mit Rückseiten und Sockelleisten mit Neutralreiniger feucht reinigen

☞ rationelles Arbeiten

siehe Seite 46 Steinfußböden / Kunststoffböden

N
- Arbeitsmittel und -geräte materialgerecht reinigen und aufräumen

☞ Ordnung

- Besen mit Besenkamm auskämmen

☞ Hygiene

Hinweise

Begründung

- Dieser Arbeitsplan gilt nicht bei textilen Belägen!

- Treppen aus anderen Materialien entsprechend reinigen!

- Evtl. angrenzende materialgerechte Bodenbeläge gleich mitreinigen!

☞ materialgerechte Pflege

- Treppe erst betreten, wenn sie völlig trocken ist!

☞ Unfallverhütung
☞ Schuhabdrücke vermeiden

					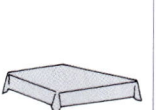		Scheuermittel (flüssig) Boden-putztuch
Heizkörper-bürste	Neutral-reiniger	Eimer (klein)	Holzspieß	Trockentuch (dunkel)	Kunststoff-unterlage Plastikdecke	Spültuch (feucht)	

Arbeitsgang

Begründung

- Arbeitsmittel und -geräte bereitstellen

☞ rationelles Arbeiten

- bei Bedarf Boden abdecken

☞ Schonung des Untergrundes

H

- mit trockener Heizkörperbürste Heizkörper und Rückwand gründlich abbürsten

☞ Staub aufwirbeln vermeiden

- Heizkörperbürste in Reinigungsmittellösung tauchen, kurz über dem Eimer ausschütteln

☞ Fußboden trocken halten

- Heizkörperrippen mit nasser Heizkörperbürste Rippe für Rippe gründlich bürsten

- Rillen mit Holzspieß gründlich reinigen

☞ Streifenbildung vermeiden

- Rohranschluss und Ventile reinigen

- mit klarem, warmem Wasser nachbürsten

- Heizkörper und Rohranschluss mit dunklem Trockentuch trocknen

- bei Bedarf Tuch um Heizkörperbürste legen

☞ Saugfähigkeit verbessern

- starke Verschmutzung mit unverdünntem Neutralreiniger, notfalls mit flüssigem Scheuermittel reinigen

☞ Kratzer vermeiden

- Arbeitsmittel und -geräte materialgerecht reinigen und aufräumen

☞ Ordnung

- Fußbodenabdeckung reinigen und entfernen

☞ Ordnung

- Fußboden unfallsicher hinterlassen

☞ Unfallverhütung

Hinweise

- Reinigung gilt im wesentlichen auch für Flachheizkörper!

- Heizkörper nicht im heißem Zustand reinigen!

						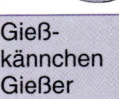	
Abstellfläche	Kunststoff-unterlage Plastikdecke	Eimer (klein)	Putztuch Putzlappen	Neutral-reiniger	Trockentuch (dunkel)	Schere Messer	Gieß-kännchen Gießer

Arbeitsgang	**Begründung**

 V

- Abstellfläche abdecken

- Fensterbank abräumen, Blumen und Ziergegenstände auf Abstellfläche stellen — ☞ Arbeitsfläche freiräumen

- Arbeitsmittel und -geräte bereitstellen — ☞ rationelles Arbeiten
  siehe Seite 32 Fensterreinigung

- Eimer mit heißer Neutralreinigerlösung bereitstellen

- Eimer mit heißem, klaren Wasser füllen

- Ziergegenstände reinigen

- Gießkännchen mit kaltem Wasser füllen

- bei Bedarf Dünger nach Gebrauchsanleitung zugeben

H

- Schmutz und Staub von der Fensterbank auf Kehrschaufel abkehren
  siehe Seite 32 Fensterreinigung

- Fensterbank abwischen, mit klarem Wasser nachwischen, gründlich trocken reiben — ☞ Streifenbildung vermeiden

- von den Pflanzen welke und vertrocknete Blüten, Blätter und Stiele abschneiden und zum Abfall (Kompost) geben — ☞ Pflege

- Blumenerde mit Rechen oder Holzspieß lockern — ☞ Durchlüftung der Erde verbessern

- Unkraut entfernen

- Pflanzenblätter von allen Seiten mit Wasser besprühen

- Blumentöpfe aus den Übertöpfen nehmen

- Untersetzer und Übertöpfe ausleeren und mit Putztuch in Neutralreinigerlösung reinigen — ☞ Wasserränder vermeiden

- Flecken mit Neutralreiniger entfernen — ☞ Hygiene

Blumenfenster

	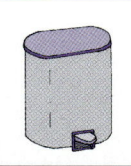	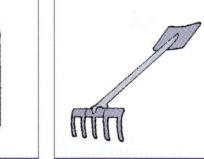					Düngemittel Salz Essig Boden- putztuch
Besen	Abfalleimer	Blumenrechen	Holzspieß	Zerstäuber	Kehrschaufel Kehrblech	Handbesen Handfeger	

Arbeitsgang

- Untersetzer und Übertöpfe mit klarem Wasser nachspülen, gründlich trocknen
- Blumentöpfe feucht abwischen und dabei auf saubere Ränder achten
- Blumentöpfe in die Untersetzer/Übertöpfe stellen
- Pflanzen je nach Art und Bedarf gießen
- Vorsicht! Untersetzer/Übertöpfe sauberhalten!
- Blumentöpfe mit Untersetzer/Übertopf ordentlich ans Fenster zurückstellen

- restliche Abfälle umweltbewusst beseitigen
- Arbeitsmittel und -geräte materialgerecht reinigen und aufräumen
- Fußboden trocken und unfallsicher hinterlassen

Begründung

☞ Lebensdauer, Wachstum
☞ Ungeziefer fern halten

☞ Umweltschutz
☞ Ordnung
☞ Unfallverhütung

Hinweise

- Es empfiehlt sich, gleichzeitig eine Fensterreinigung durchzuführen!
- Pflanzen nicht zu stark gießen!
- Kalkränder mit Salz und Essig entfernen!
- Informiere dich, wie die verschiedenen Pflanzen fachgerecht gepflegt werden! (siehe nächste Seiten)
- Bei Bedarf Schädlingsbefall bekämpfen!

siehe Seite 124 Pflanzenpflege

Begründung

☞ rationelles Arbeiten
☞ Lebensdauer
☞ Aussehen
☞ Lebensdauer, Wachstum
☞ Lebensdauer, Wachstum

115

Pflanzenpflege
Übersicht

Wichtige Arbeitsmittel und -geräte

Blumentöpfe
- **Ton**
  - luftdurchlässig – porös – wassersaugend – zerbrechlich – schwer zu reinigen
- **Kunststoff**
  - preiswert – leicht – luft- und wasserundurchläßig (außer Boden)

Übertöpfe
- **Keramik**
  - dekorativ – leicht zu reinigen – Wasserreste müssen überprüft werden
- **Korb**
  - dekorativ – preiswert – schlecht zu reinigen – lässt Wasser herauslaufen – Boden fault leicht – nur mit Untersetzer verwenden
- **Metall, z. B. Messing, Kupfer, Zinn**
  - dekorativ – Pflege mit Metallpflegemitteln – Wasserreste müssen überprüft werden
- **Kunststoff (luftdurchlässig)**
  - wenig geschmackvoll – preiswert, je nach Verarbeitung und Form

Gießkanne
- Größe soll sich nach der Anzahl der zu versorgenden Pflanzen richten
- Material kann Kunststoff, Keramik, Metall sein
- Preis, Geschmack, Handlichkeit, Standfestigkeit, Tülle und Einfüllöffnung sollten beachtet werden
- Gießkanne sollte gut und einfach zu reinigen sein

Sprenger
- werden meist aus Messing, Edelstahl oder Kunststoff angeboten
- Metall erfordert mehr Pflegeaufwand
- verstellbarer Wasserstrahl verbessert die Arbeitsmöglichkeiten

Verdampferschalen
- sorgen für höhere Luftfeuchtigkeit
- einfarbig oder mit Muster, meist aus Kunststoff
- zum Aufhängen oder Aufstellen
- regelmäßige Reinigung ist notwendig

Hinweise

- Achte darauf, dass der Blumentopf gut in den Übertopf hineinpasst!

- Der Rand des Blumentopfes soll nicht überstehen!

- Der Übertopf darf nicht zu klein sein, damit kontrolliert werden kann, ob und wieviel Wasser im Übertopf steht!

Pflegearbeiten

Sie finden über das ganze Jahr verteilt statt, mit mehr oder weniger Aufwand.

täglich - wöchentlich	wöchentlich - monatlich	halbjährlich - jährlich	nach Bedarf
• gießen • welke Blätter, Blüten, Stiele entfernen	• Töpfe, Übertöpfe und Untersetzer reinigen • düngen • absprengen • große Blätter feucht abwischen • Erde lockern	• umtopfen • Stecklingsvermehrung	• Schädlingsbekämpfung • anbinden • drehen nach Lichtverhältnissen • zurückschneiden

Pflegearbeiten

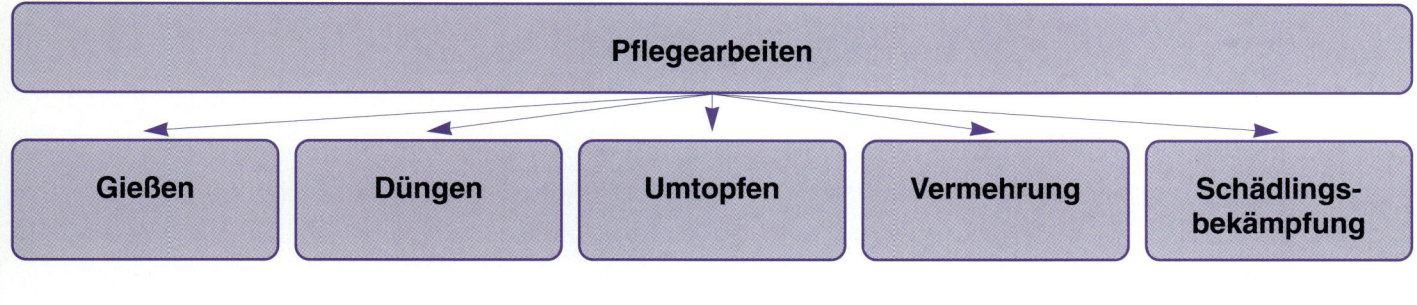

Gießen	Düngen	Umtopfen	Vermehrung	Schädlings- bekämpfung

Gießen

• „wieviel" und „wie oft" muss erprobt werden

• gründlich Bewässern ist besser als häufig und zaghaft

• Lebensbedingungen der Pflanzen kennenlernen

• Erdoberfläche zwischendurch antrocknen lassen (nicht austrocknen!) – dann gründlich gießen

Pflanzenpflege
Gießen

Gießen

Gießen von oben
- Blätter nicht nass werden lassen
- gießen mit langer Tülle, bis Wasser in Untersetzer läuft
- nicht immer an die gleiche Stelle gießen

Gießen von unten
- Untersetzer mit Wasser füllen
- Wurzeln nehmen nach Bedarf Wasser auf
- Wasser nach ca. einer Stunde aus dem Untersetzer entfernen
- Anwendung bei besonders empfindlichen Pflanzen

Tauchbad
- Pflanze in Eimer mit Wasser stellen (besonders bei Pflanzen mit hohem Wasserbedarf)
- Wurzelballen soll sich vollsaugen
- Wasser soll Zimmertemperatur haben und möglichst kalkarm sein

Besprühen
- erhöht die Luftfeuchtigkeit
- vermindert die Wasserverdunstung der Blätter

Hinweise

Bromelien gießen
- Zusätzlich mit der Gießkanne in den Pflanzentrichter gießen!
- Wasser einmal im Monat austauschen!

118

Düngen

- Topfpflanzen entnehmen die Nährstoffe der Blumenerde
- Erdmenge im Topf ist sehr begrenzt, daher regelmäßige Nährstoffzugabe durch Dünger erforderlich
- Pflanze benötigt folgende Grundstoffe, jeder Nährstoff hat eine andere Aufgabe zu erfüllen:
  - Kohlenstoff
  - Wasserstoff
  - Sauerrstoff
  - Schwefel
  - Eisen
  - Stickstoff
  - Phosphor
  - Kali
  - Magnesium
  - Kalk
- Handel bietet verschiedene Düngemittel an
  - Standarddüngemittel und
  - Spezialdüngemittel
- Dünger ist in unterschiedlicher Form im Handel
  - Flüssigdünger wird dem Gießwasser beigemischt
  - Düngestäbchen und Düngekegel werden in den Blumentopf gesteckt
  - Dünger in Pulverform wird nach Anweisung im Gießwasser aufgelöst
- **Wichtig:** Gebrauchsanweisung genau beachten!

Umtopfen

- **Wann?**
  - zu Beginn der Wachstumsperiode – meist Frühjahr
- **Warum?**
  - der Topf ist zu klein
  - dichtes Wurzelgeflecht wächst an der Außenseite des Wurzelballens
  - Wurzeln wachsen aus dem Abzugsloch
  - die Pflanze verliert das Gleichgewicht und fällt um
  - durch Umtopfen lassen sich leichte Wachstumsschäden ausgleichen
  - durch Neueinsetzen des Ballens kann die Wachstumsrichtung ausgeglichen werden
- **Wie?**
  - der Ballen wird verkleinert und die Pflanze in einen größeren Topf gesetzt
  - die Pflanze wird gerade eingesetzt

siehe Seite 120/121 Umtopfen

Hinweise

- Nach dem Umtopfen 4-6 Wochen nicht düngen!

- Frisch umgetopfte Pflanzen nicht in die pralle Sonne stellen!

- Neuer Topf sollte nicht mehr als 2 Nummern größer sein als der alte!

- Benutzte Tontöpfe mit Bürste und Essigwasser reinigen!

- Tontöpfe sollten über Nacht (mindestens 1 Std.) in Wasser gestellt werden!

Pflanzenpflege
Umtopfen (Fortsetzung)

		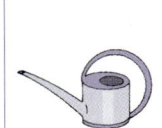		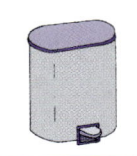			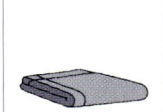
Kunststoff-unterlage - Plastikdecke	Holzspieß	Gieß-kännchen Gießer	Schere Messer	Abfalleimer	Kehrschaufel Kehrblech	Handbesen Handfeger	Boden-putztuch Aufnehmer

Arbeitsgang	**Begründung**

 V

- Arbeitstisch mit Kunststoffunterlage abdecken

- Arbeitsmittel und -geräte bereitstellen ☞ rationelles Arbeiten

- „Neuen" Blumentopf vorbereiten:
  - 2 Nummern größer wählen (der alte Blumentopf sollte in den neuen hineinpassen) ☞ rationelles Arbeiten
  - neuen Tontopf voher wässern (mindestens 1 Stunde) ☞ Ton saugt Feuchtigkeit
  - gebrauchten Blumentopf gut reinigen

- die Pflanze vor dem Umtopfen ca. 1-2 Stunden wässern, damit sich die Wurzeln leichter von der Topfwand lösen ☞ Arbeitserleichterung

 H

Pflanze aus dem alten Topf nehmen (für Rechtshänder)
- Pflanzenballen rundherum mit Holzspieß oder Messer vorsichtig vom Blumentopfrand lösen

- linke Hand (Zeigefinger und Mittelfinger) gespreizt um die Pflanze auf den Topf legen ☞ rationelles Arbeiten

- Topf umdrehen

- vorsichtig und kurz auf die Tischkante schlagen ☞ Arbeitserleichterung

- Pflanze mit Wurzelballen aus dem alten Topf nehmen

- bei größeren Pflanzen den Topf auf die Seite zu legen und zu zweit an Topf und Pflanze ziehen

- Wurzelballen mit Holzspieß auflockern, evtl. Wurzeln kürzen

- alte Erde und Wurzelabfälle entfernen

Pflanze in einen neuen Topf setzen (für Rechtshänder)
- auf das Abzugsloch können zum besseren Wasser-abzug Tonscherben gelegt werden

- mit der rechten Hand neuen Topf nehmen

- eine oder zwei Handvoll Blumenerde einfüllen, damit der Wurzelballen hoch genug sitzt

Wurzelballen lösen

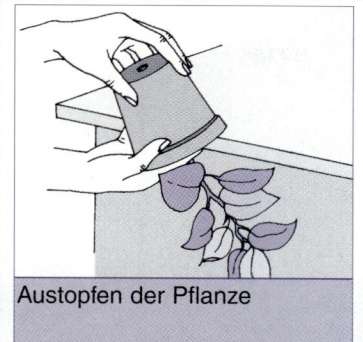
Austopfen der Pflanze

Einsetzen in einen größeren Topf

Auffüllen mit Blumenerde

Arbeitsgang

Begründung

H
- mit der linken Hand die Pflanze in den Topf geben, die Zwischenräume mit neuer Erde auffüllen

  ☞ Stand der Pflanze

- mit beiden Händen Pflanze und Erde festdrücken

- Topf mehrmals leicht auf harte Unterlage stoßen

  ☞ Luftlöcher vermeiden

- Gießrand lassen

- Topfrand und Topf außen säubern

- gut angießen und Pflanze auf Untersetzer stellen

  ☞ Sauberkeit

N
- Pflanze mit Untersetzer in Übertopf stellen

- Pflanze auf ihren Platz (Standort) stellen

- Arbeitsmittel und -geräte materialgerecht reinigen und aufräumen

  ☞ Ordnung

- Arbeitsunterlage säubern

- Boden sauber und trocken hinterlassen

  ☞ Unfallverhütung

Hinweise

- Pflanze muss gut angegossen werden!

- In den ersten Wochen nach dem Umtopfen nicht düngen!

  ☞ Gefahr der Überdüngung

- Manchmal ist das Zurückschneiden des Wurzelballens notwendig, z. B.:
  - Wurzelballen hebt die Pflanze hoch,
  - verfilztes Wurzelwerk - von unten her einen Teil der Wurzeln abschneiden,
  - dunkelbraune bis schwarze Wurzeln und
  - große Wurzelballen (bei alten Pflanzen)!

  ☞ Umtopfen hätte bereits früher erfolgen müssen

  ☞ kranke Wurzeln sofort ausschneiden

  ☞ Verkleinern des Wurzelballens durch Ausschneiden eines Sektors

Pflanzenpflege
Vermehrung

Vermehrung

Wurzelteilung

(z. B. Usambaraveilchen, Farne, Bubikopf)
- Pflanze aus dem Topf nehmen
- Erde vorsichtig entfernen
- Ballen vorsichtig lockern
- verwachsene Wurzeln durchschneiden
- Pflanzenteile mit feuchter Erde in kleine Töpfe einpflanzen

Ableger

(z. B. Grünlilie, Brutblatt)
- Ableger an Ausläufern und Blatträndern
- entwickeln noch an der Mutterpflanze Wurzeln
- können ohne weitere Vorbereitung eingetopft werden

Absenker

(z. B. Nelke, Clematis, Rhododendron)
- Seitentriebe werden unter dem Blattknoten eingeschnitten, in die Erde gezogen, evtl. beschwert
- mit Erde abgedeckt
- nach einigen Wochen haben sich Wurzeln gebildet
- Jungpflanze wird von der Mutterpflanze getrennt

Vermehrung Stecklinge

Kopfstecklinge
(z. B. bei Geranie, Fuchsie, Buntnessel)
- untere Blätter werden entfernt
  (die Pflanze fault sonst)
- abgetrennter Pflanzenteil ohne Wurzeln =
  Steckling (bewurzelt = Ableger)
- Steckling mit scharfem Messer von der
  Mutterpflanze abtrennen
- fest in Gemisch aus Torfmull und Sand setzen

Stammstecklinge
(z. B. Efeu, Tradeskantie)
- bei Rankgewächsen lassen sich die Triebe in
  Stücke schneiden und einpflanzen

Blattstecklinge
(z. B. Usambaraveilchen, Blattbegonie)
- Blattstiel wird auf ca. 2,5 cm gekürzt
- Wurzelbildung ist auch im Wasser möglich

Teilblattstecklinge
(z. B. Bogenhanf, Begonie)

Beispiel
- Begonienblätter von unten mehrmals an den
  Adern einschneiden
- mit dem Schnitt nach unten auf das Erdgemisch
  legen
- beschweren
- mit Folie bedecken
- an den Schnittstellen entwickeln sich
  Jungpflanzen

Pflanzenpflege
Schädlingsbekämpfung

Mechanische Behandlung

Jegliche mechanische Behandlung hat keinen nachteiligen Einfluß für die Umwelt!

- absammeln z. B. Raupen, Käfer

- abspülen z. B. Läuse mit klarem Wasser oder Schmierseifenlösung

- für den Garten kommen noch weitere Möglichkeiten in Frage

Pflanzenbehandlungsmittel

Pflanzenschutzmittel
- zur Bekämpfung pflanzenschädigender Pilze (= Fungizide)
- zur Bekämpfung tierischer Schädlinge (= Insektizide)
- zur Bekämpfung von Unkräutern (= Herbizide)
- außerdem z. B. Beizmittel, Leime, Wachse, Baumharze, Schutzanstriche

Pflanzenwachtumsregulatoren
- Wuchsstoffmittel, Keimhemmungsmittel, z. B. bei Kartoffeln, Zwiebeln
- Wuchshemmer, z. B. im Gartenbau

Prüfzeichen der Biologischen Bundesanstalt

Hinweise

- Die Mittel sind nach der EU-Richtlinie gekennzeichnet!

- Der Untergrund der Symbolschilder ist bei allen vier Symbolen orange!

- Alle Mittel genau nach Gebrauchsanweisung anwenden!

Reizend

Gesundheitsschädlich oder Reizend

Ätzend

Giftig

Diese Pflegemethode ist

- problemlos

- der Wurzelballen mit Erde bleibt erhalten

- Wasservorrat hält 1-2 Wochen

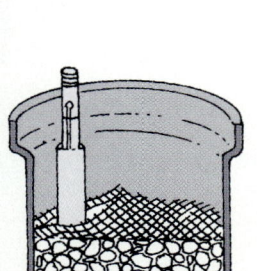

Arbeitsgang

- Arbeitsplatz mit Unterlage abdecken
- Arbeitsmittel und -geräte bereitstellen
  - **wasserdichtes Pflanzgefäß** z. B. aus Kunststoff, Keramik, Porzellan
  - **Substrat** (Blähton)
  - **Wasserstandsanzeiger**
  - **Vlies** z. B. Glas-, Kunststoffvlies oder Kunststoffgewebe
  - **Blumenerde** (Einheitserde)

- Pflanze vorsichtig austopfen
- gut wässern
- Wasserstandsanzeiger in das Pflanzgefäß stellen
- Blähton etwa 3-5 cm hoch einfüllen (je höher, desto seltener muss Wasser zugegeben werden)
- Blähton mit Gewebe abdecken – Ränder stehen etwas nach oben über (Gewebe trennt Blähton und Erde – Wurzeln durchdringen das Gewebe und kommen so an das Wasser)
- Erde einfüllen – ca. 3-6 cm
- gewässerte Pflanze auf die Erde setzen
- Erde auffüllen
- gut angießen

- Arbeitsmittel und -geräte materialgerecht reinigen und aufräumen
- Boden sauber und unfallsicher verlassen

Hinweis

- Nach 1-2 Wochen den Wasserspeicher füllen – lieber weniger als zuviel einfüllen!

Pflanzenpflege
Hydrokultur
(Hydroponik = Wasserkultur)

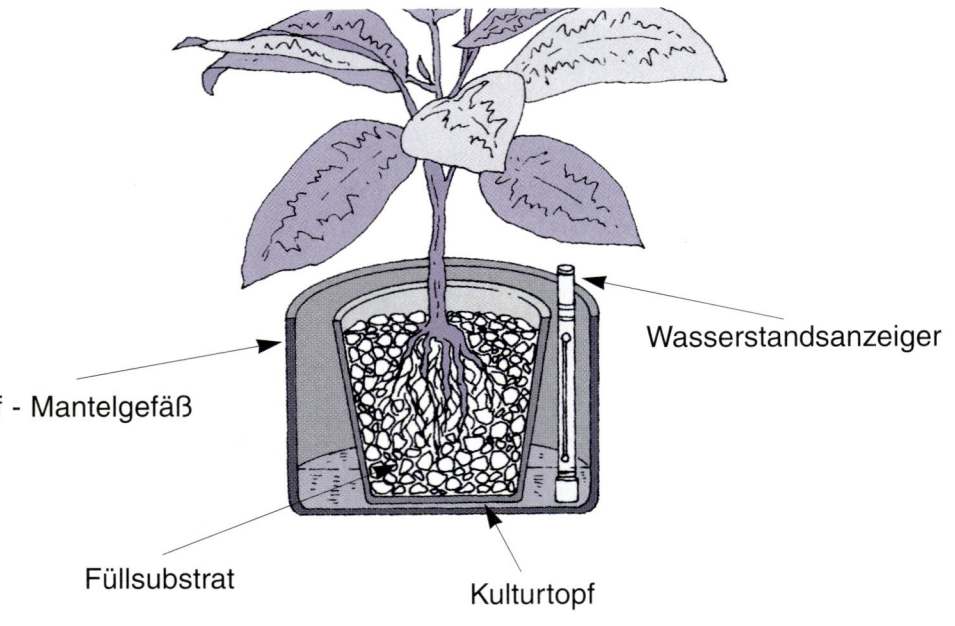

- Pflanzen leben nicht von Erde, sondern von den im Wasser gelösten Nährstoffen
- im Hydrogefäß gibt Blähton den Pflanzen Halt
- die Pflanzen kommen ca. 4 Wochen ohne Versorgung aus

Übertopf - Mantelgefäß

Wasserstandsanzeiger

Füllsubstrat

Kulturtopf

Arbeitsgang

- Arbeitsplatz mit Unterlage abdecken
- Arbeitsmittel und -geräte bereitstellen
  - **Kulturtöpfe,** meist Kunststoff, 5-32 cm ⌀
  - **Übertöpfe oder Mantelgefäße**, unterschiedliches Material, wasserdicht, verschiedene Größen
  - **Füllsubstrat**, meist Blähton, 3 verschiedene Größen:
    2-4 mm ⌀ für Aussaat und Anzucht
    4-8 mm ⌀ für kleine Pflanzen und kleine Kakteen
    8-16 mm ⌀ Standardgröße für größere Pflanzen
  - **Wasserstandsanzeiger**, passend zum Topf in Höhen von 5, 7, 9, 12, 19 cm mit Markierungsskala und den Einteilungen Optimum – Minimum
  - **Haltestäbe** zum Stützen und Anbinden, aus Kork oder anderem Material, können nach Bedarf verlängert werden
  - **Nährstoffe**, meist Langzeitdünger, 4-6 Monate wirkend, flüssig oder als Pulver oder in Nährstoffbatterien
  - **Kragenrosetten,** rund und quadratisch, zu den Kulturtöpfen passend, Pflanze erhält bessere Standfestigkeit, höhere Belüftung ist möglich

Anzucht von Hydrokulturpflanzen

durch Aussaat in Gittertopf
- mit Blähton bedecken
- gut anfeuchten
- mit Kunststofftüte schützen

durch Stecklingsvermehrung
- Kopfsteckling in Gittertopf mit Blähton stecken
- mindestens 1 Blattknoten soll im Blähton stecken
- mit lauwarmem Wasser auffüllen bis 1 cm unter die Bewurzelungszone
- mit Kunststofftüte versehen

- Arbeitsmittel und -geräte materialgerecht reinigen und aufräumen
- Boden sauber und unfallsicher verlassen

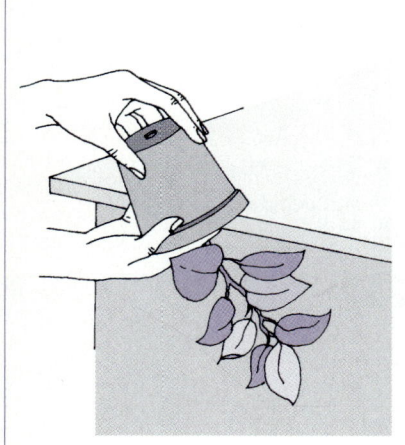

Austopfen der Pflanze

Ausspülen der Erde

Einsetzen in Kulturtopf

Arbeitsgang

 Umstellung von Topfpflanzen (Erde) auf Nährlösung (Hydrokultur)

- Pflanze vorsichtig austopfen

- Ballen in lauwarmem Wasser einweichen

- Erde vollständig ausspülen

- kranke und beschädigte Wurzeln entfernen

- in entsprechend großen Hydro-Innentopf ca. 3 cm Blähton einfüllen

- Pflanze in den Topf setzen – Wurzelansatz soll am oberen Topfrand sein

- Blähton auffüllen

- Kulturtopf in Übertopf stellen

- mit Wasser auffüllen

- zwischen Innentopfboden und Wasserstand muss etwas Luft sein

- kühl und schattig stellen

- erst nach dem Aufrichten der Blätter an den eigentlichen Standort stellen (Pflanze muss neues

   Wurzelsystem aufbauen – alte Wurzeln sterben ab)

- Arbeitsmittel und -geräte materialgerecht reinigen und aufräumen

- Boden sauber und unfallsicher verlassen

Hinweise

- Die Umstellung auf Nährlösung ist mit Risiko verbunden!

- Die Pflanzen sollen nicht älter als zwei Jahre sein!

Blumenstecken

			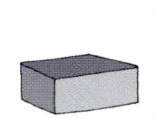	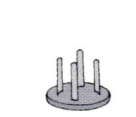			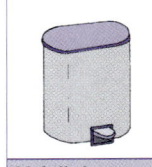
Steckgefäß	Pflanzen-material	Schere Messer	Steckmasse Frischblumen-schwamm	Pinholder	Klebeband	Gieß-kännchen Gießer	Abfalleimer

Arbeitsgang

Begründung

Beispiel: Gesteck, rund, symetrisch, allseitig zu betrachten, eine Blumenart (vielblütig verzweigt), gesteckt in Steckmasse auf Pinholder

- Blumen nach dem Kauf in lauwarmes Wasser stellen

  ☞ enthält weniger Sauerstoff als kaltes Wasser – verstopft daher die Leitungsbahnen der Pflanzen nicht so leicht

- Arbeitsplatz abdecken
- Blumen mit scharfem Messer schräg anschneiden

  ☞ stumpfes Messer quetscht und verhindert, dass die Pflanze Wasser aufsaugen kann

- Arbeitsmittel und -geräte bereitstellen
  - **runde Schale**, Durchmesser ca. 18 cm
  - **Steckschwamm**
  - **Pinholder** mit doppelseitigem Klebeband
  - **kleinblütige Blumen** z. B. Chrysanthemen, 10-12 verzweigte Stiele
  - **12 Blätter** z. B. Alpenveilchen, Haselwurz
  - **1 Zweig**, der zerschnitten oder aufgeteilt werden kann, z. B. Cotoneaster oder 1 Wedel Lederfarn

  ☞ rationelles Arbeiten

- Steckschaum vorbereiten
  - entsprechende Schüssel mit Wasser füllen
  - Steckschwamm von dem trockenen Stück abschneiden (ca. 7-8 cm)
  - aufs Wasser legen – muss sich vollsaugen, bis er untergeht

  ☞ muss sich **selbsttätig** vollsaugen

- Pinholder auf trockenem Schalenboden mit Klebeband befestigen
  - 1,5 cm langen Klebestreifen abschneiden
  - auf Standfläche des Halters drücken
  - Halter in die Mitte des trockenen Schalenbodens drücken

  ☞ trocken, damit der Klebestreifen haftet

- vollgesogenen Steckschwamm aus dem Wasser nehmen
- auf den Pinholder stecken

  ☞ gibt den Blütenstielen an den Ecken Halt

- Ecken und Kanten des Steckschwamms abschneiden (Vieleck entsteht)

  ☞ Basis ist besser abzudecken

- ausstecken der Basis mit Beiwerk
- Zweige und Blätter rundum einstecken – Farn kann zerteilt werden
- Zwischenräume bestecken – etwa 6 cm aufragend

| Zeitungs-papier | Boden-putztuch Aufnehmer | Blumenigel |

Arbeitsgang

H

- Schale dabei drehen

- Berechnung der Maße für das Gesteck
  - Höhe ergibt sich aus dem Maß der Schale, z. B. ∅ 18 cm verdoppelt = 18 x 2 = 36 cm = Länge der höchsten Blüte
  - nach den Seiten rechts und links: von der Mittelachse etwa 18 cm
  - fertiges Gesteck = ca. 36 cm
- erste Blume als höchste Blume in die Mitte stecken – senkrecht tief in die Steckmasse
- prüfen, ob der Stiel senkrecht steht
- weitere Blüten kürzer (etwa 1/3) schneiden
- um die Mitte gruppiert stecken

- ganzen Steckschwamm ausnutzen
- in Kanten des Steckschwamms schräg einstecken
- Freiräume durch kürzere Stiele ausfüllen

- mit Abstand betrachten und prüfen

- Gefäß mit Wasser auffüllen

N

- restliche Abfälle beseitigen
- Arbeitsmittel und -geräte materialgerecht reinigen und aufräumen
- Fußboden trocken und unfallsicher hinterlassen

Begründung

- ☞ Kontrolle, ob gleichmäßig gesteckt ist (rund)
- ☞ Gesteck soll ausgewogene Proportionen haben

- ☞ es sollen keine freien Stellen bleiben

- ☞ vom Steckschwamm darf nichts zu sehen sein
- ☞ Gesteck drehen und von allen Seiten betrachten
- ☞ hält die Blumen länger frisch

- ☞ Ordnung

- ☞ Unfallgefahr

Hinweise

- Pflanzen können auch auf Nagelbett = Kenzan = Blumenigel gesteckt werden (schwere Metallplatte mit Messingnägeln)!

- Pflanzen nach Jahreszeit und Anlass wählen!

- Bei Pflanzen mit weichen Stengeln nach Bedarf mit Stützdraht arbeiten!

- Floristendraht gibt es als
  - Stützdraht, um Blumen zu stützen oder in Form zu bringen,
  - Steckdraht (= stabiler als Stützdraht) zum Andrahten und Fixieren, z. B. von Grün und Zubehör und
  - Wickeldraht, zum Wickeln von Kränzen usw.!

- Gestecke können auch in anderen Formen, z. B. asymmetrisch, radial usw. gearbeitet werden!

Sachwortverzeichnis

Sachwortverzeichnis